バス釣りを能率化する68のメソッド

折金一樹

つり人社

なぜ、そこに
ルアーを投げるのか？
なにを期待して、
その場所を選んだのか？
どんなイメージ
を持って釣りをしているか？

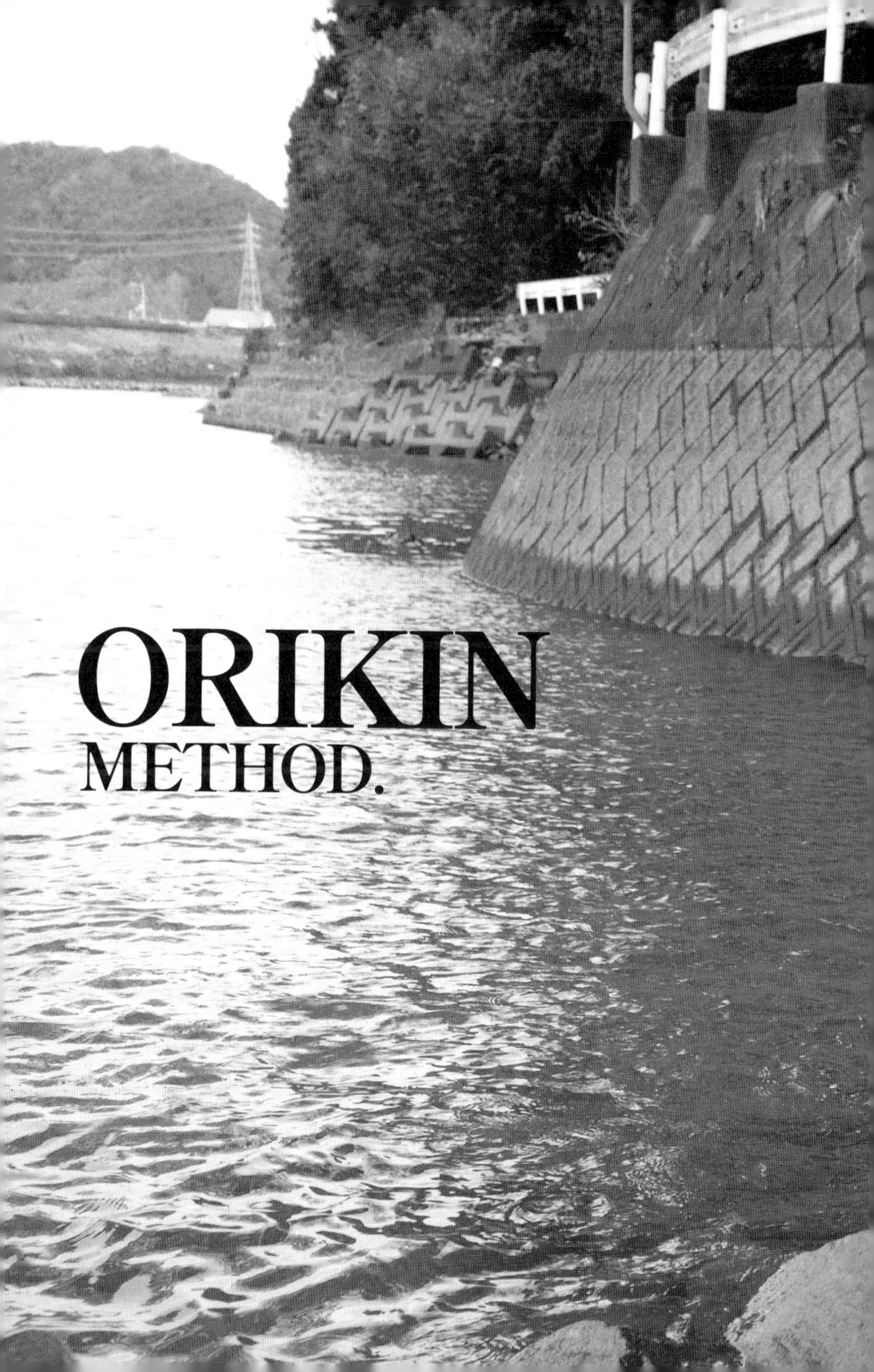
ORIKIN
METHOD.

まえがき

釣りは、人によってさまざまな楽しみ方があります。このクランクベイトで釣りたい。こんな暖かい雨はフロッグで釣れそうだ。小バスでもひたすら数を釣りたい。トーナメントで結果を残したいなど、枚挙にいとまがありません。どのように関わり、なにを求めているにせよ、釣れないよりは釣れたほうがいいに決まってます。

ですから血眼になって釣果をネットで調べ、最近釣りに行った友人に連絡を取り、釣具屋さんで情報を仕入れる人もいるでしょう。釣れそうなルアーを買って、釣れそうなポイントへルアーを投げる。どんな人も似たような考え方をするはずです。

しかしながら、うまくいかないことが多いでしょう。悲観することはありません。新たな視点を持つことで各々の釣果は向上すると断言できます。

それが「確率」「能率」という考え方です。

釣れたルアーや場所は誰しも気になることですし、重要な情報です。しかしながら、もし同じルアー、同じ場所で釣れたとしても、まったく意図がなければ、たまたまの結果でしかありません。そもそも、仮に釣れたとしても、そこに至る経緯が同じであるかは検証のしようがありません。誰しも同じようなよい釣果を求めているにもかかわらず、同じようにはならないのです。ふたり乗りのボートで同じように釣りをしていても、釣果に差が出るのはよくあることです。

結局は、各々がオリジナリティーのある釣りを創造していくほかはないのです。

そこで重要なのが「どれだけ釣れる確率が高いか」という発想だと、私は考えます。「どれだけ食う確率が高いか」ではありません。食わせの必殺ワームであっても、広い場所にバスが1尾しかいなければ、なかなか釣れません。ただし居場所が確実にわかれば釣れる確率はかなり高くなります。もちろん天候や時間、季節、エリアやポイントの特徴によって、居場所やバスの状態は大きく変わることがほとんどです。

つまり「釣れる確率」を上げるためには、基本的なバスの生態や、ルアーの特徴と使い方、アプローチの知識などが必要です。メンタル面の鍛練も必要かもしれません。

さらには、これらの技術や知識について、いかに「能率」のいい選択ができるかが最終的なカギであります。この季節、このフィールドで、このウッドカバーに何投することが最適なのか？

極端な例ですが、よりよい選択を一日のなかで繰り返せば、釣果はかならず上がっていきます。たとえトーナメントであっても、技術的に優位で実力のある人の釣果を上回ることさえ難しくありません。そこまでのレベルではなく、経験が浅い人であっても、今持っている知識や技術のなかでしっかりとした選択ができれば、釣果は上向くはずです。

この書にはシークレットなテクニックやパターン、スペシャルなルアーの話は残念ながら載っていません。直接的な釣り方だけではなく、そこに至るまでの手法について「確率」や「能率」というキーワードに触れながら解説していきます。

折金一樹

ORIKIN METHOD 68

装丁◎IST DESIGN　イラスト◎サトウヒデユキ
企画・編集◎水藤友基　special thanks to のむらボートハウス

01 ORIKIN METHOD

〝確率と能率〟で釣りはシンプルになる

「釣れる確率」を考える①

意識していなくても、釣りの局面では常に「確率」がつきまといます。何気ない判断や行動であっても確率が決定され、常に確率に支配されているといっても過言ではありません。

たとえば「このルアーは釣れそうだ！」という判断。小さくとも大きくとも、白だろうが黒であろうが、基本的には「釣れそう＝釣れる確率が高そう」などの判断がそれぞれの釣り人によって下されているはずです。「ここよりあっちのほうがよさそうだ！」なんて感覚も同じでしょう。

あるいは「キャストがうまくなりたい」という思い。自由自在にルアーが投げられたら、人よりも釣れる確率は上がるはずです。もちろんキャストだけで釣れるわけではありませんが、少なくともうまく投げられないよりは、釣れる確率は上がるに決まっています。

「投げやすく感度のよいロッド」「ストレスなく扱えるリール」などを選択することも、釣れる確率を高めることに繋《つな》がります。エレキや大きなエンジン、高性能な魚群探知機などは言うに及ばずです。

つまり、「確率」は釣りを構成するさまざまなジャンル（バスを探すこと、道具、技術など）と密接な関連があるわけです。

「なんとなく釣れそうだ」という段階に留まらず、どうすれば釣れそうか？　どうしてそう感じたのか？　を具体的に考えていくべきでしょう。

その作業は、偶然ではない実現可能な釣果となって反映されていきます。

「釣れる確率」を考える②

ご存じのように確率は分数です。通常は釣りの現象を明確に数字で表わすことは難しいのですが、状況を把握できていれば値をはじき出すことができます。「この状況なら、このストレッチに10尾の見えバスがいて、そのうち2尾は釣れそうだ」というぐあいです。

このケースでは分母が「10」、分子が「2」、釣れる確率は「2／10」と予想できます（正しいかどうかはひとまず置いておきます）。この値を元に、ほかの状況と比べてみましょう。

次に入ったポイントにバスが5尾いて、そのうち2尾が釣れそうだと予想できれば「期待できる結果」はどちらも同じです（＝2尾）。

ただし前者は釣りを試せる対象が10尾分あるのに後者は5尾。したがって「安定して釣果が期待できそう」なのは前者だ、ともいえます。試せるルアーの数やキャストミスの存在を考えると10回アプローチできるほうが有利、という考え方です。

とはいえ、これが正解とは限りません。後者は5尾分試せば2尾期待できるわけで、「釣りの時間を短縮できるぶんメリットが大きい」という判断もアリです。

また「この水門にこの状況で何回行ったら、そのうち何回は釣れそうだ」など、ポイントが変わらない場合も確率を想定することができます。さまざまな条件を合わせて、ふたつ以上を比較することが「釣りの確率」を考える基本です。

そもそも分子や分母はバスの状態やポイントのタイプ、季節や水温、風や水色、エサの有無や種類によって値が絶えず変わっていきます。かならずしも数値化する必要はありませんし、最初はなんとなくでもよいでしょう。

常に確率を意識して、いろんな条件を比較していけば、しだいに優劣の判断ができるようになります。実際の状況に合ったリアルな比較ができれば、期待できる釣果はかならず上がるはずです。

「確率」の予想が正しいか正しくないかは、ここでは問題ではありません。最初からうまくいくわけがありませんし、このような意識を持って軌道修正すること自体が大切なのです。

なお、難しくてわかりにくい条件ほど大した指標にはならないことが多いです。誰でもわかるような条件ほど、魚の行動に大きく影響を与えます。まずはシンプルなところに意識を置いて考えてみてください。

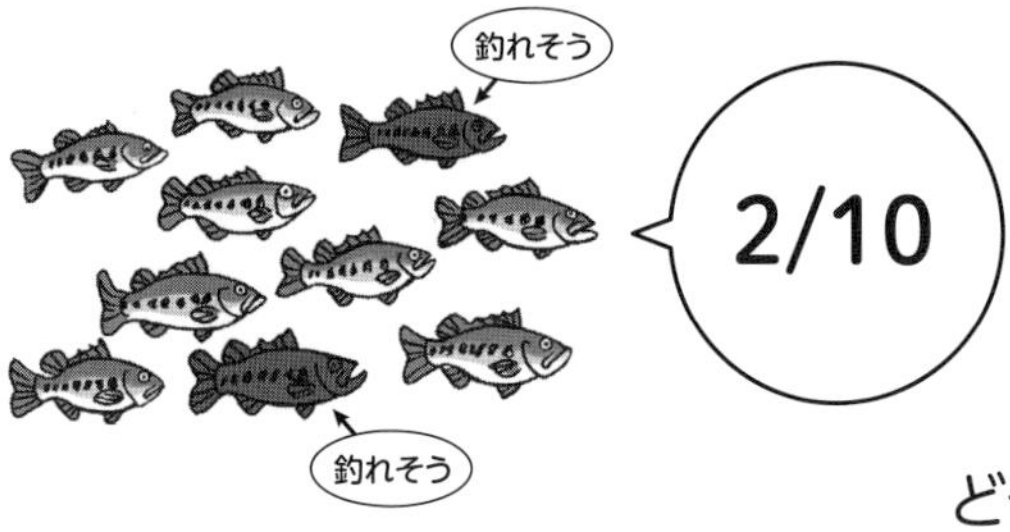

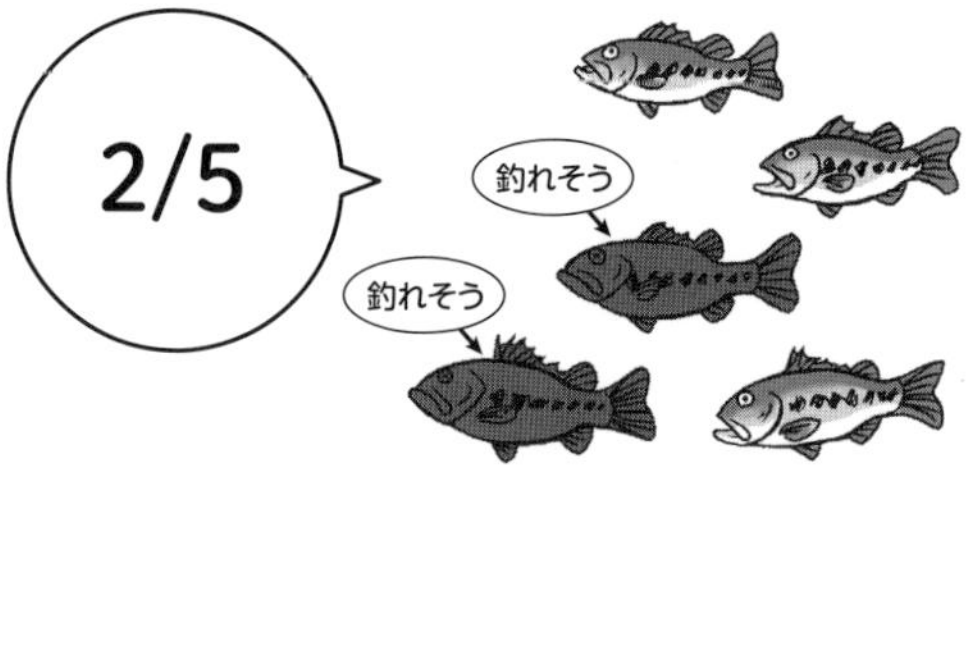

どっちが有利?

数字のうえでは「2/5（5尾のうち2尾が釣れそう）」のほうが確率が高そう。しかし、現実にはミスキャストしたりルアーセレクトを誤ったりと、さまざまなマイナス要因が壁になりうる。もしあなたがビギナーなら、「2/10」の場所を選ぶほうが釣りやすいかもしれない。大切なのは、どちらが正解かではなく、常に“確率”を考え方のベースに置く、ということなのだ

「釣れる理由」を優先する

釣りの局面ごとの結果だけに注目すれば、それは釣れるか釣れないかの2択でしかありません。けれども「釣れた」が絶対的に正しく、「釣れなかった」が間違いといえるでしょうか？たとえば、トーナメントの練習でいろいろなサイズが釣れることがあります。もちろん本番では大きなサイズが必要ですが、それは二の次です。優先すべきは「釣れる理由」です。

理由もなくたまたま釣れたのだと感じたら、それがビッグフィッシュでも、その要素は排除すべきです。「釣れる理由」に確信があれば、練習で釣れなくともそれを優先すべきだと考えます。逆に「たまたま釣れない」のもよくあること。こうしたイレギュラーな結果を見抜けるかどうかが重要です。

そもそも、どのくらい「たまたま」が起きるかは、釣れる確率そのものだといえます。たとえば真冬は極端に釣れないため、確率を高める要素はなかなか見つかりません。ですから、たまたまレベルの要素にも注目して「少しでも確率の高いたまたま」を探るべき季節です。釣れないからといって、一概に釣りの内容がすべて間違っているとはいえません。そのなかにある「釣れる確率」は、ゼロではないからです。

結果だけに囚《とら》われず、状況から予想される確率を正確に拾っていく。それが釣りが上手くなること、すなわちよく釣れるようになるコツです。程度の差こそあれ、ハイシーズンもこれは変わりません。「釣れる理由」を優先し、釣れる確率を探っていきます。

バスの数と反応

多くの場合、釣れる確率を考えるための要素はふたつ。「バスの数」と「反応」です。自分のねらう範囲のなかにどれだけバスがいて、どのくらいの反応が期待できるか？たとえば、オカッパリで「この水門はバスがいれば一発で食う」なんてことはよくあります。「バスの数」は不明だが、「反応」は把握できている状況だといえます。

この場合は「バスの数（いるかどうか）」だけが問題になります。水門であれば水位や水量、エサの有無などバスがいる条件はさまざまで、どれが重要かがわかれば、よいときに行けば釣れる確率が高まります。また、異なるタイミングに通って比較することで、条件の優劣も学べます。あるいは「バスは常にいるけど、なかなか食わないんだよね」、これもよくあるケース。「バスの数」ではなく「反応」にフォーカスすべき状況です。

具体的には、どんなルアーをどのくらいの手数をかけて投げるか。特定のルアーや釣り方が見つかるかもしれませんし、バスが口を使う条件が存在しているかもしれません。バスが食うときと食わないときの違いを見つけられるかどうか、なども大切です。

釣りの確率を正確に算定するには、ほかにもさまざまな自然環境を読み取る必要がありますが、まずはこのふたつに的を絞って考えたほうが近道だと思います。

「この水温でこの水位だから……この場所にバスは何尾いる？」「この地形だから、このくらいエサがいるから……反応はどうか？」など、個別に考えることで確率をイメージしやすくなります。

明確な意図

前段ではバスの数と反応を考えることが大切だと書きました。

その次は実際の釣り、つまりルアーの選択や使い方などにも、この予想を反映させることが重要です。

自分で決めた任意の広さのなかに、バスがどのくらいいて、どのくらい反応するだろうか？これをしっかりと定義できれば、正しいかどうかは別にして、意図のある釣りが展開できるはずです。

しかしながら、意に反して釣れないことがほとんどでしょう。なにかが違っているからです。つまり状況が自分の想定したものと違っていて、それを元に考えた釣りの作業が正しくなかったからです。

著しく釣れる可能性が低いポイントだったのかもしれませんし、ルアーそのもの、またそこに掛ける時間やキャスト数、スピードが適切ではなかったのかもしれません。

それでも、あなたが意図を持って釣りをしていたのなら、それは大きな強みとなります。予想のすべてが違っているわけではないはずです。

「大雨でひどい濁りが入った→パワーのあるルアーを選ぶ」など、絶対に揺るがない情報やそれについての対応は、おおよそ合っていることがほとんどでしょう。問題はそれ以外の、より信頼度の低い要素にあるのではないかと考えます。

バスの数が予想より少なかったのなら、もう少しキャストを増やしたり、投げる間隔を狭めてみる。反応が悪ければルアーのスピードを変えたり、ローテーションも必要でしょう。

ただし、そもそも釣れる確率が想定より下がっていることがほとんどだと思うので、修正して釣りを続けるべきか否かは判断の分かれるところです。

ほかのポイントならもっと釣れる確率が高いと見込めば移動すべきですし、時間が経って釣れる確率が上がる可能性があるなら、そこに留まるべきです。これも「釣れる確率」を比べる作業です。

いずれにせよ、みずからの意図が行き届いた釣りは大きなレベルアップに繋がります。問題点を洗い出し、実況に合った釣りをしようと試行錯誤するからです。

逆になんの意図もなければ、たとえ釣れてしまってもレベルアップにはなりません。同じ1尾でも、あなたにとって大きな1尾になるか、小さな1尾になるかは心構え次第です。

確率から「能率」へ

確率を考えるだけでは、魚は手にできません。釣れる魚を見つけることに関わるのが「確率」で、そこから実際の作業を進めて、どのような手法が最善かを考えなくてはなりません。この際に意識すべきキーワードが「能率」です。

もっともイメージしやすいのは、選んだ道具や行動が「能率的かどうか」でしょう。その指標となるのは時間当たりの結果です。

釣果ではなく「結果」と書いたのは、たとえ釣れなくとも「ゼロだったという結果」が参考になるからです。意識しているかどうかに関わらず、みなさんが普段の釣りで試行錯誤しているなかには「能率」が含まれているはずです。

個々については89ページ以降で細かく解説することとして、どんなことが能率に関わるか、まずは整理していきたいと思います。

『確率』

おもにバスの数と反応

『能率』

道具、行動によって改善できる

「確率」は人為的に動かしづらい事象（エリア選択などで確率を高めることは可能）。一方、アングラーの能力しだいで向上させられるのが「能率」だ

ルアーと能率

まずはルアーについて。いちばん気になるところですし、いちばん難解でもあります。多種多様なバリエーションがあるものを一元的に並べるのは少し乱暴ですが、しいて挙げるなら、「バスからの気づきやすさ」が、ジャンルを問わずルアー選びの目安になります。

能率という点でいえば、私はほぼすべてのルアーについて、その特徴を総合した「強さ」を意識しています。つまりは、バスに気づいてもらえることが「能率的」なルアーの第一歩です。

ルアーによって特徴は異なるので、大きさやアクションが変われば、同じスピードであっても「強さ」は異なります。浮きっぱなしのもの、沈むもの、引っぱると沈んでそのあと浮くもの、1ヵ所で動かせるもの、引っぱらないと動かないものなど、個々の特性によっても気づかせるパワーは変わりますし、そもそもルアーごとに適正なスピードは変わりますから、自然と能率の良し悪しが生じます。

よくよく考えてみると、釣れるルアーというものは、特性がその時々のバスの状態に合っていることが多いように感じます。この本質を見抜いたうえで能率を考えることは、ルアー選びの方法のひとつであると思います。

1日のキャスト数を知る

次はルアー操作について考えてみましょう。

ルアーのスピードが速ければ、キャスト数が増えます。キャスト数が増えれば能率は上がります。より速い動作でねらった場所に投げるのが理想ですが、特に大切なのは「正確さ」。2回投げて1回しか入らないよりは、よくねらって1回で投げたほうが能率的です。

また、キャスト数もかなり重要です。あまり意識していない人も多いと思いますが、多ければ多いほど、当たりを引く確率が高まるわけです。

よく考えてみてください。あなたは1キャストに何秒掛けていますか？　スマホのストップウォッチを使って、目を閉じて、擬似キャストをしてみてください。

クランクベイトを投げてピックアップまで15秒、テキサスリグで40秒くらいでしょうか。休みなくこれを続けて1時間でクランクベイト240投、テキサスリグで90投です。1日に10時間釣りをしたとして2400投&900投。普通はこのあいだに移動や根掛かりもするしルアーも変えるでしょうから、半分近くまでキャスト数は減ります。

この数を知って、案外少ないと思う人も多いはず。仮に10尾釣ろうと思ったら、テキサスリグで45投ごとに1尾キャッチする計算になります。釣れる確率がかなり高くなければ無理だと思いませんか？

あふれるインターネットの情報。どこに注目して、どう活かす？

インターネット、SNS、YouTube動画。ありとあらゆる釣りの情報が得られる現在は、私が釣りを覚えた平成前半とは大きく違います。そのころの情報といえば雑誌に投稿された数ヵ月前のバスの写真。釣れた場所とルアーを読んで、さらに写真の背景を覚えて釣りに行ったものです。もちろん同じように釣れるわけはありませんでした。

ところが今は、数分前の釣果がリアルタイムで得られる時代。活用しない手はないわけです。旬の情報は鮮度が命です。しかしながら釣れていたその場所に同じルアーを投げに行って、同じように釣れるのでしょうか？

情報によってポイントやルアーを知ったとき、それが特別なものだと感じるかもしれません。かくいう私もそういうことはあります。

でも、よく考えて下さい。情報源の釣り人はその場所でその釣りをすでに行なっているわけで、ほかにも反応するバスがいるなら釣ってしまっているはずです。

ルアーがわかっても、詳しい使い方まではわかりません。「ラバージグが映っていた＝カバー撃ちで釣れるんだ！」などと安易に解釈してはいけません。

リアルタイムに情報が得られるいちばんの旨味は、釣り場に行かずにフィールドの状況が推測できること。明日釣りに行くなら、そう変わらない状況に出会えるという点です。ですから、釣れた場所やルアーではなく、その背景にある状況に注目すべきなのです。

シャローかディープか？　季節的な要素は？　バスにやる気があるのかないのか？　上級者なら想像できることも多いでしょう。初心者であっても、なにも思い浮かばないということはないはず。

真冬の亀山湖でダウンショットリグで２桁も釣れていたら「ディープがかなり安定しているようだ」と予想できます。初夏の琵琶湖でポッパーの釣果情報が多ければ「浮いている個体が多そう。まずは水面から試して、バックアップでノーシンカーも準備」というぐあいに。

それが正しいかどうかは別にして、さまざまな状況を推測できれば、インターネットの断片的な情報も有益なものになります。

情報は「魚が釣れる」というゴールまでの距離を縮めてくれます。また、どのようなゴールの方法があるかを自分で紐解くことで、最短の実力アップが期待できます。サッカーでいえばセンタリング（＝情報）からのシュート練習のようなもの。たくさんのボールを精査して次のシュートに活かすことは、能率を上げ、実力をつけ、釣果を向上させるために役立ちます。場所やルアーを聞いたまま実践するだけでは、結果はなかなか伴いません。

02 ORIKIN METHOD バス釣りの3大要素

「メンタル」「バスの生態と知識」「道具」

バス釣りは、とりわけ人間自身がアクションを多く起こすジャンルです。ルアーの操作はもちろん、キャストやフッキング、ポイントの移動など、常になにかをしていることが多いといえます。と同時に、手先の感覚や視覚から情報を得たり、周囲の状況や次の選択について考えを巡らしている時間もかなりのものです。

ということは、これらの動作や思考をよりよい状態で、より長い時間に渡って保つことができれば「釣れる確率」の向上にも直結するはず。

具体的には、正確な動作を繰り返すこと。感覚を研ぎ澄ますこと。客観的な判断力や決断力などに繋がる、冷静な思考が必要です。

冷静さだけではなく、ポジティブに物事を捉えることも大事です。つまり、よくも悪くも釣り人の「メンタル」が釣果に大きく関わってくるわけです。

目に見えないあやふやなものに思われがちですが、「メンタル」は、私が考えるバス釣りの3大要素のひとつ。残りのふたつは「バスの生態と知識」そして「道具」です。

まずはこれらの要素について、私の基本的な考え方を紹介していきます。

小さなポジティブ要素を見つける

メンタルを保つ最高の特効薬は、やはり〝釣れる〟と少しでも思い続けることです。

たとえば、ルアーも釣り方も場所もまったく同じことをしているふたりがいるとします。ひとりは「キャストごとになんだか釣れそうでワクワク！」。もうひとりは「まったくアタリがないし、こんなんで釣れるわけがない」と考えていたら……、結果はどうでしょう？

気分だけの問題ではありません。このとき、ふたりには圧倒的な動作の差が生まれます。ルアー操作のクオリティーも違えば、アタリの感じ方、フッキングに至るまで、なにかを感じ取って行動に移す冷静さや判断力も違うでしょう。

あまり釣れない状況でもポジティブに捉える人と、本当は釣れる状況にもかかわらずネガティブな思考が先行してしまう人なら、どちらがよい方向に進むかは歴然です。

とはいえ、トレーニングを積んだアスリートやネジがぶっ飛んだ人でもないかぎり、普通はなかなかメンタルをコントロールできないもの。まずは小さなことでもよいので、ポジティブな要素を見つけることです。得意な釣り方、得意なポイント、好きなルアーや色でもOK。少しでも釣れたら、その経験によってさらに自信を保てるようになります。

「釣れる」と信じられるメンタルは、空から降ってはきません。繰り返し釣ることでしか、自信にはなりません。そのためにも、釣れたという事実をじっくり味わって、気持ちのよい経験として覚えておくことをオススメします。

マイナスの事象、プラスの印象

人のメンタルは、多かれ少なかれ外因的な影響を受けます。

たとえば「水温が下がった」という出来事。通常ならマイナスのイメージで受け止めざるを得ません。しかしこれをフラットに考えてみると、「水温の低下」という事象は悪意も善意もなく、ただただ起こっていることです。日常生活であれば誰かの悪意や善意もあるかもしれませんが、自然は釣り人のことなんかこれっぽっちも考えてはいません。ただそこにあるだけです。

つまり自分の受け止め方や立ち位置を変えることで、出来事の印象は変えられるはず。「水温が下がった」ことを知ったなら、それは湖の情報という意味において大きな収穫だといえます。

これとは別の人為的な要素、たとえば「先行者がいる」という状況はどうでしょう？

自由に釣りができない反面、人の存在は釣れる可能性を示唆しているともいえます。「近くの人にデカバスを釣られてしまった」なども最高のプラス材料です。エリア選択に自信を持ちましょう。「誰もいない、水がきれいだ」。これは一見よさそうですが、バスが釣れないからガラ空きなのでは？　とも取れます。水がきれいすぎて、ルアーで騙《だま》しにくいかもしれません。

プラスとマイナス、どちらのイメージでも受け止められるならば、まずはポジティブに。人間の努力で原因を取り除いたり、状況を解決することが難しい自然現象なら、なおさらです。

ただし、ネガティブな印象を無理にねじ曲げ続けるのもしんどいもの。うまくかわして、やり過ごすくらいのスタンスでいきましょう。

バラシは失敗ではない

掛けたバスを最終的にキャッチできるかどうかはメンタルを左右する大きな出来事です。トーナメントで勝負を決める1尾、あるいは自己記録を塗り替えるようなサイズをあと少しでバラしたのなら、悔いても悔やみきれません。

もちろんバラさないためのタックルを選ぶことは大事ですし、やり取りの技術でも回避できます。適切なルアーを選択すればバイトが深くなるかもしれません。

しかし、それでもときにはバラすもの。しょうがないことです。

バスとのやり取りはスリリングで楽しいものですし、魚を手にすることは大きな成果です。けれども私自身は、バス釣りの醍醐味はバイトさせるまでの過程だと考えています。

タックルを考え、ルアーを選択し、考え抜いたアプローチでバスからの反応を試す。その結果バイトに至ってフッキングできたなら、ほぼ正解です。その後のファイトはご褒美《ほうび》だと思っています。

たくさんのモノを積み上げた結果を、紙一重の結末で台無しと考えてしまうのは、少々もったいない。そんなふうに見方を変えると、少しは気が楽です。

そもそも、魚とのやり取りはそんなに練習するチャンスがありません。キャストなどの動作は、それこそ10時間釣りをしたらそれだけ反復練習ができるわけです。しかしながら魚とのやり取りは、仮に10尾釣れても10分もないはずです。なんらかの動作を覚えるのに10分は少なすぎます。

それこそ、バラして当然なくらいの短さです。
とはいえ、覆すようですが、ここに一喜一憂できるのも釣りの楽しみのひとつ。絶対にバラさない方法があったとしたら楽しみは半減ではないでしょうか。

「バラシ」は、自分の釣りを見直すためのチャンス。フックポイントは鋭いか、アワセやタックルセッティングに問題はないか？　ルアーが状況に合っていないことを示すヒントをくれることもある

バスの生態と知識① シーズナルパターンの盲点

バス釣りは考えるべきことが多い釣りです。多種多様な楽しみがあるともいえますが、その反面、本当に必要なことが何であるか迷いやすいのも事実です。

日々道具は進化し、釣り方もさまざまな方法が編み出され、情報の多さゆえに戸惑うことも多いでしょう。とはいえいくら人間が進歩してもバスはバスです。環境や気象の変化に伴って行動を変えることはあっても、それこそ数十年程度でバスという魚の本質が大きく変異することはほぼないといえます。

なかでも、バスがどこにいるかは大きなテーマです。その場所で釣れたという結果だけでなく、そこに至るまでの過程を想像することが必要です。なぜ移動してきたのか？　どうしてここにいるのか？

バスという魚の行動原則について、私は「長期的・短期的」のふたつの観点で捉えています。長期的なバスの居場所の移り変わりについては、季節を区切って考えるほうが理解しやすくなります。つまり、セオリーとされている「シーズナルパターン」を知ることが基本です（詳しくは61ページで述べます）。

一方で、気温や水温、天気などの「短期的な変化」によってもバスは影響を受けます。曇った、冷え込んだ、暖かくなったなど、多岐に渡る水中の変化に、魚は絶えず対応しているわけです。

おおよその状態をシーズナルパターンで予測し（＝長期的視点）、現在の状況を当てはめて（＝

短期的視点）、バスの居場所や状態を考えていく。これがオーソドックスな手順です。

ただし忘れてはいけないのは、バスの目線に立ってみたとき、本来は短期的な変化が常に起こっているだけだ、ということ。一歩引いて長いスパンで観察したときにそれが季節の移り変わりとなり、長期的なパターンとして人間が認識しているだけなのです。

これは盲点になりがちです。「夏だから流れの効くエリアを選んだのに釣れない」など、セオリーに徹してもうまくいかない原因は、短期的な変化を無視しているせいかもしれません。

シーズナルパターンという概念は持ちつつも、短期的な変化による行動を大いに優先させて考えることが大切です。なぜなら、バスは「夏だから、冬だから」などという理由で行動を決めているわけではないから。日々の環境に適応し、生き残るために必死なのです。

バスの生態と知識② 擬人化

「頭がよくて釣れない」「今日は寒いから動きが鈍いはずだ」など、バスが人のように語られることがよくあります。間違いではないと思いますが、すべてを擬人化すると誤解が生まれます。「寒いから嫌だ」というのは人間の感覚です。体温を維持するために必要なエネルギーが多くなるからです。

一方、魚は変温動物。水温とともに体温が変化します。代謝が低くなる低水温期は多く食べることを必要としないので、もしかしたら魚にとっては嫌がるどころか、楽チンで快適な季節かもしれません。

人間の感覚に置き換えるほうがイメージしやすいのも事実ですが、そこに加えて「人間は人間、魚は魚」と割り切るのがよいと思います。

魚は人間のようになにかを考えたり、感情を持ったりしないとされています。個体差はあるものの、基本的にすべての行動は外的要素に起因し、本能によって決定されると考えてよいでしょう。

つまり、魚がルアーに反応しないのは、かならず自然環境や釣り人の側に原因がある。このように考えることは、忠実に魚を理解しようとする手引きとなるでしょう。

バスの生態と知識③　大きな変化に注目する

実際の自然環境に即して、短期的なバスの行動の変化を考えていきます。

バスが感じる環境の変化といっても、その種類や影響の大きさはさまざま。ここでは個別に取り上げませんが、基本的には環境変化の作用が大きいほど影響も大きくなり、作用する範囲が広いほど広域のバスに影響を及ぼします。

つまり、誰でもわかるような状況の変化こそが重要で、バスの行動を決定づける大きな理由になり得ます。初心者であってもトッププロであっても平等に、このきっかけに気づくことができるわけです。逆に、なかなか目につかないような変化はたいした影響を与えないことがほとんどです。

次に頭に入れておくべきは、フィールドで起こる変化はかならず「複合的」だということ。バスはそれらの条件がバランスよく整った場所にいると考えられます。

特に水質や水温、エサなどは優先順位の高い項目です。すべて問題なければバスはそこに留まるはずですが、よさそうな変化が揃っているのにまったくいないときは、なにか決定的に悪い原因があるか、すぐ近くにもっとよい場所があるのかもしれません。

目の前の小さなことに気を取られず、広い視野を持つことも大切。杭で釣れたからといって、「今日は杭が正解」とするのは早計です。杭のある位置やまわりの地形、ストラクチャーとの関係性、エサの有無など、ほかの要素はリンクしていないか？　たまたまだったのか？　釣れた理由の核心を探ることが大切です。

最後にもう一歩、深堀りしてみましょう。

「釣れた」という結果が出たとき、それが最終的な答えであるように感じますが、あくまで「変化の途中を捉えただけである」と認識すべきです。一日のなかでも刻々と自然現象は変化します。これからさらによくなるのか？　悪くなるのか？　変わらないのか？　これらを踏まえながらバスの行動変化を推測していきます。

水門で釣れた！
本当の理由は……
カレントの発生？
シェードに寄った？
縦スト？
エサがいた？
風が当たってる？
スポーニング場所かも？

バスの生態と知識④　断片的な自然

釣りに行くと人はさまざまな自然の断片に触れ、「こうだから、こうである」と理解しようと努めます。そこで感じた大まかな状況は、信頼すべき判断材料になるでしょう。

ただし、多くの人は釣りをするときしか自然に触れません。絶えず変化している自然のなかの数時間という断片に接しているだけです。それに対して、バスを含めた水中の生物は365日24時間、水のなかです。生存競争も激しいでしょうし、エサを取れないこともざらでしょう。常に命の危険に曝《さら》されているわけです。

つまりバスたちは日夜、最適な環境を求めて活動していると考えられます。変化に応じてちょっと移動したり、戻ったり。激しい変化が生じれば移動のスピードも上がるでしょう。逆に大きな環境の変化がなければ、全体的には少しずつ活動の範囲を広げやすくなるはずです。

ですから、釣れたという結果だけを見て「バスが今の状況で選んだ最終的な場所である」と言い切ってしまうのは早計です。バスも常に試行錯誤し、最適な場所を探している最中ですから、そのことを頭の片隅に置いておくべきです。

魚影が多ければ全体的な動きを把握しやすくなりますし、少なければイメージを持ちづらいかもしれません。すべてのバスが同じ行動を取るわけではなく、個体差があることにも留意しましょう。これは種を絶滅させないための特徴であることも付け加えておきます。

まったく同じ場所、同じルアーで釣れたとしても、季節が違えば、バスがそこで釣れた理由は異なるかもしれません。

　規模の大きい釣り場のバスたちは、本来ある程度の変化に対応できる生活圏で一年を過ごすはずです。そのほうがエネルギーを消耗する大移動を繰り返さずともよくなるからです。私の経験上、魚影が多いエリアというのは、春夏秋冬それぞれの有望なポイントが近接していることが多いです。特定の季節だけよくなるエリアは、通年でみると魚影は少ない傾向にあります。

　河川などは否応なしに絶えず流れがあり、環境の振れ幅も大きいことから、移動のスピードや範囲は大きくなります。一方で、ストラクチャーが多くて地形の入り組んだリザーバーなどは、バスが身を隠してやり過ごせる環境が多いので、移動のスピードや範囲も狭まる傾向にあります。

　そして野池のような小規模フィールドの場合、場所の優劣はないことが多いようです。ある程度は全体的にバラけていると思いますし、時期や変化に応じてポジションも多少変わりますが、局所的に集中しなければ生きていけないほど環境に偏りがあれば、そもそも一定数のバスを保持できないことになり、あまり釣れないはずです。

リザーバーの上流部。いくつかの好条件が整わないかぎり低水温期はバスが抜けてしまう

バスの生態と知識⑤ ベストな条件と妥協点

生き物にとってもっとも優先されるのは「死なないこと」です。少し環境が悪くても死なない条件なら、ちょっと我慢してやり過ごすこともあるはずです。

より条件の整った最上級のエリアを見つけたほうが、バスにとっても過ごしやすい環境なのだから釣れるのでは？ と釣り人は判断しがちです。これはもちろん正解ですが、そのフィールドにいるすべてのバスが、最上級エリアに集結するとは考えられません。

沖縄にいる人が北国で降っている雪をなんの情報もなく感じられるでしょうか。バスも同じだと思います。大雨が降ったあと、上流から水が澄みはじめて快適な条件が整ったからといって、そこに向かってすべてのバスが泳いでいくはずもありません。沖で生活するトラウトのように回遊性の高い魚類ならまだしも、バスはそうではないでしょう。

自然界では無駄な移動による体力の消耗は許されません。逆にいうと、無駄な移動を繰り返すタイプのバスがいたとしたら、長い年月のあいだに淘汰されるはずです。

前項では環境変化やバスの移動について述べましたが、死なない程度なら、好条件でなくても同じ場所に留まることがベターである、というケースもたくさんあると推測できます。

道具を選ぶ基準① あなたにとっての最適解

バス釣りは本当にたくさんの道具を使います。釣るために不可欠なものから、バスを探すための装備、準備段階で使うものなど多種多様です。

一見、釣果とは直接関係なさそうな小物であっても、性能や使い勝手のよいものが支持されています。そのほとんどが釣りを快適にし、魚を釣るためにさまざまな改良がなされてきたからです。さまざまな要素に基づいて、ベストな選択をしたいというのは、誰しもが思うところ。

では、そもそも道具に求められること、道具選びの基準にはなにがあるでしょうか？　真っ先に思い浮かぶのが性能や耐久性、価格やデザイン。もちろん重要な要素ですが、本書のテーマである「確率・能率」という側面も見逃せません。特にルアーやロッド、リール、ラインなどは釣果に直結する道具ですから、間違いなく「釣れる確率」を左右するアイテムだといえるでしょう。

これらの道具はひとつひとつの特徴も違えば、組み合わせたときの相性もさまざま。何がよいのかわからないときには、情報を参考にしたり、誰かに聞くのもひとつの手です。

しかし実際は通っているフィールドや目当ての釣りによっても正解が異なることは明らかですし、まったく同じ釣りをする場合でも、各自の技術や経験値しだいで最適解は変わります。最終的には、自分なりの基準を持って選び取るしかないのです。

どのようなことに注目して道具を揃えるべきか？　以降のページで考えていきます。

道具を選ぶ基準② ロッドとリール、性能のバランス

ロッドの役割は多岐に渡ります。ルアーを投げること、ルアーの状態を把握し操作すること、地形や障害物を感知すること、アタリを感じること、フッキングすること、魚とやり取りすること。

どれも重要な項目ですが、特に注目されやすいのはルアー操作に関する部分でしょう。たとえ同じルアーであっても、使い方やシチュエーション、バスの状態などによって求められるロッドの特徴は変わります。優先させるべき性能やバランスについて考えなくてはいけません。

ロッド選びで検討すべき点は、大まかに分けてふたつ。「バスにルアーを食べさせるために必要なロッドの性能」と、「人間側の使いやすさ」の2点です。

前者はおもにルアーの操作性、後者はキャストのしやすさやフッキング性能などです。この双方が合致したロッドを選ぶのが理想ですが、そうしない場合もあります。硬いロッドで軽いルアーを扱ったり、細かい操作を犠牲にしてでもパワー重視のロッドにしたり。

なぜそうなるのでしょうか。たとえば、充分にバイトさせることができたとしても、アタリがまったく感じられなければ釣果には結びつきません。逆に、食べさせづらくてもキャストがしやすく正確なアプローチが継続できれば、最終的な釣果は上がるかもしれません。

つまり、ロッド性能の両極のバランスをどこに着地させるかが現実的な課題だといえます。用途ごとに百点満点の選択ができれば理想です。しかしそれではロッドが何本あっても足りません。実際には1本のロッドで複数の状況に合わせる必要が出てきます。

そんなときも、理想的なロッドがどのようなものか、また1本のロッドがまかなえる範囲についても理解できていれば、ちょうどよい妥協点がおのずと見えてくるでしょう。個人の技術によってデメリットを補えるならば、メリットをより際立たせることもできます。

詳しくは１３８ページで述べますが、まずは満遍《まんべん》なく状況を網羅できるロッドを揃えること。さらに使うルアーが広がれば本数も増やし、それでもまかなえない特殊な釣り方やこだわりの釣りには専用のロッドを選ぶ、という順番です。

さて、ロッドと切っても切り離せないのがリール。単刀直入に言ってしまえば、最新のモデルが明らかによいです。

もちろんロッドにも最新素材や技術が用いられますが、それよりも求める用途に合っているかどうかが重要です。その性能や特徴がどのように新しいのか、よく理解しなければなりません。

一方、リールはロッドに比べて用途別のバリエーションはそこまで多くありません。適正ルアーウエイトやブレーキ力、ラインキャパシティ、ギア比などがおもな違いで、釣り方に応じた選び方も比較的明解です。ルアーの飛距離や巻くための性能、耐久性などは最新モデルによりよい機能が搭載されています。そして時間が経てば機械的な性能は落ちるため、デザインの良し悪しなどは別にして、古いモノのほうが勝ることはなかなかありません。

最後に価格帯について。ロッドもリールも2〜3万円台のミドルクラスがすべてにおいてバランスがよく、実際に売れていますし、私自身もいちばん多く使ってきました。しかし、最先端の技術が注がれたハイエンドモデルの性能や耐久性にも、見逃せない魅力があることはたしかです。

道具を選ぶ基準③「エサとのズレ」を表現するルアー

道具のなかでもとりわけ種類が多いのがルアーです。その使い方も無限といってよいほど。なぜここまで増えたのかといえば、状況やロケーションによって状態が異なるバスを釣るためです。「バスがどうしてルアーを口にするか」について、ここで最初に私なりの見解を述べておきます。魚類学者ではないので間違いが含まれているかもしれませんが、釣り人としての視点で今まで感じてきた経験則です。

バスが行動を起こすための手段は、全身を使って泳ぐこと、そして口を使うこと。手や足があるわけではないので、さまざまな衝動を体現するうえで「口」の役割は大きいと考えられます。口を使う第一の理由は捕食行動です。とりわけ、ルアーに反応するのは「イレギュラーなエサ」として認識するためだと考えています。

弱ったエサ、目立つエサ、ほかよりもスピードの遅いエサ。これらは捕食できる確率が上がります。ライオンやチーターが怪我をした動物を見逃さないのと同じです。通常は苦労してやっとエサにありつけることも多いなか、ほかとは違う動きをするエサの存在は、バスにとって格好のチャンス。エサのようでエサでないルアーが釣れるのも、これがひとつの理由でしょう。

通常はルアーをいかにエサっぽいモノに近づけるかに躍起になりがちですが、本来はどのようにエサとズラすか、どの部分を強調するかが、ルアーに反応させる本質的なカラクリだと私は捉えています（近年の過度なフィッシングプレッシャーのなかでは、このズラし方がよりシビアになっています)。

多くのルアーが、この原理に基づいたものと考えられます。より本物に近いもの、さらには本物より本物らしい造りのルアーであっても、こうしたエッセンスが入っていたりします。ルアーは本物にはなりえない、とも言えるでしょう。

バスがエサを認識し、口にするためには、なにかしらの情報を頼りに行動しているはずです。形であったり、泳ぎ方であったり、水深であったり。これらの要素を誇張してバスをより強く惹きつけられるのがルアーの特権だと思います。

一方で、捕食だけでなく「威嚇《いかく》、興味、反射」も昔から口を使う理由だとされてきました。本来は捕食に出ないような場面であっても、バスを反応させ、口を使わせることは、よりルアーらしい魅力的な部分です。

しかし、これらを捕食と区別するのは容易ではありません。速いスピードのモノを一瞬で口に含むのは反射でしょうか、捕食でしょうか？　私は両方を兼ね備えていると考えます。エビが近くで跳ねた瞬間、その正体を認識しているとは思えないスピードで反転して食べるのは普通のことです。ルアーをゆっくり食べれば捕食、瞬発的に食べれば反射とは一概に言えません。

いずれにせよ、なにが理由で反応したのかはどれだけ考えても謎のままですし、本来、反射も捕食の一部に含まれる行動だと考えるのが自然です。本当の因果関係はわからなくても「こういう条件でこのルアーを食った」を現象として経験し、理解しようと努めれば、ルアーの使いどころはなんとなくわかってくるものです。

道具を選ぶ基準④　ラインとフック

脇役と見られがちなのがラインとフックです。しかし私にとって、タックル構成上の優先順位はけっして低くありません。「釣れる確率」を上げるためには重要な役割を担っています。

まずはライン。ルアーと釣り人を繋ぐ道具であり、「切れないこと」がなによりも優先されます。適正なロッドやリール、ルアーとのバランスを考える必要もあります。

ロケーションとの相性も重要です。障害物に応じてライン強度を熟慮しなければなりませんし、切れないように釣りの動作を工夫したり、切れない素材や太さを選択して余裕を担保するのもひとつの方法です。

ラインの大きな役割はルアーを操作すること。ほかの道具よりも細くて軽い存在ではありますが、かならずルアーに付いて回ることを考えると、存在感は少なくありません。

ロッドワークとルアーへの伝わり方、ルアー自体のアクション、沈むスピード、飛距離などと密接に関わりがあり、ルアーが釣り人から離れるほどに大きな影響を与えます。大袈裟ではなく、ラインで釣果が変わるケースも多いのです。

次にフックです。バス釣りで使われるのはおもに3種類で、プラグに使われるのはトレブルフックとダブルフック。シングルフックの多くはワーム用、そのほかトレーラーフックやメタルジグなどに使われています。

トレブルフックが2個の一般的なプラグであれば、ハリ先は6ヵ所。シングルフックを使うワームならハリ先は1ヵ所です。同じルアーでも、まずはここが大きな違いです。根掛かりのしやすさは当然変わりますし、フッキングにも配慮が必要です。

本当に多種多様なフックが世にありますが、選ぶときにもっとも重要な指標はふたつあります。「サイズ感」および「タックルとのバランス」です。

フックが大きすぎると根掛かりするし、小さすぎればフッキングの成功率は下がります。線径も含めて考えると、細いほうが貫通力は上がりますが、剛性が落ちてたわみも発生しやすくなります。

大きくて太いフックのほうが自重も増すため、ルアーアクションの安定に繋がることもあれば、阻害することもあります。通常はバランスの取れたセッティングをしますが、あえてこれをズラすのもテクニックです。

もうひとつの指標は「ロッドやリール、ラインの強度に合っているか」。単純に力負けしてフックが伸びないか、フッキングパワーに対して貫通できる太さであるか、などです。どちらを優先するか、ほどほどのバランスを選ぶかは状況しだいです。

03 ORIKIN METHOD

折金一樹はどのようにバス釣りを学んできたのか

10代のころ

千葉県出身の私がバス釣りを始めたのは中学1年生でした。付き合いの長いクラスメートに誘われたからです。しばらくは釣れず、野池でフナやコイを釣ったりしていました。

そんなある日、釣り場で同い年くらいの男の子が「メジャー持ってる?」と聞いてきました。興味津々でついていき、ブラックバスを初めて目にしました。「バスって本当に釣れるのだ」と思った記憶があります。

彼にチューブワームでの釣り方を教わって、2回目のこと。最初はスプリットショットリグで使っていました。しかしその野池はゴロタ石がたくさんあり、毎回引っ掛かるので、どんどんリーダーを短くしていきました。しまいには鉛のシンカーをワームの中空部分に入れてから、オフセットフックを付けてみました。そうするとロッドを強くあおればだいたい外れてくれるのです。今考えると名案ですが、そのときはなんとなくそうしただけだったと記憶しています。なぜそんなことができたのか、逆に不思議です。

また引っ掛かったのかと、いつも以上に力のかぎりあおったときでした。漫画のような話ですが、根掛かりが動き出したのです。その後は夢中だったようで記憶にありません。

ただ、すぐには水に帰すことができなかったようで、釣れたバスを持ちながら自転車に乗って、ひとりで池のまわりを周回したのでした。誰かに見せたかったのか? 理由は考えてもわかりませんが、それほど衝撃的な1尾だったのを、断片的ながら今でも鮮明に覚えています。

そこからは毎週その池に通います。なにがそこまでさせたのかというと、アタリにひどく興奮したからです。その瞬間にアドレナリンが噴出される感じです。あまりに興奮してしまって、合わせられなかったりバラしたりしたので、これは「いかに冷静でいられるか」という修行だと考えました。釣りにドハマリしてしまった少年は、普段の生活でも慌てない、ビックリしないことを生活に取り入れ、いかに冷静でいられるかに力を注ぎます。

そのころはほぼひとりでの釣行。今のように動画なんてありませんので、雑誌を見て想像するだけで、ほぼ鎖国状態です。ところが高校に入学してすぐに、ルアーを通学バッグに付けている男子を発見。やっぱりバス釣りをやるらしいのです。さっそく釣りに行く約束を取りつけました。

新しい友達との出会いはまさに未知との遭遇でした。PEラインやスピナーベイトなどの初めて触れるアイテムや使い方、すべて新鮮で衝撃的でした。トーナメントにも出ているというので、すぐに行動に移します。始発電車を乗り継いで向かったのは土浦新港。W.B.S.が開催するオカッパリ大会です。ふたたび、刺激の連続でした。

バス釣りをする同世代がこんなにいて、道具もテクニックも教わることばかり。たくさんの参加賞も貰《もら》えるし、なにより一年間の最後にプロとペアを組んでプロ戦に出られるのはとびきり楽しみでした。ただ、憧れのバスボートがあんなに恐い乗り物だとは夢にも思いませんでしたが。

個人的な世界にすぎなかった釣りが、外界との接点が増えて飛躍的に広がったのもこのころです。ひたすら楽しい時期を経て、とにかくもっとうまくなりたい。そんな思いでいっぱいの10代でした。

トーナメントとルアーいじり

大学へ進むと同時に車と船舶の免許を取りました。自宅からいちばん近い高滝湖で新しくNBCチャプターが始まることを知って、トーナメントに出はじめます。

誰かに誘われたのではなかったし、まわりは年の離れた大人ばかり。すべて自力で、初めての魚探やエレキを覚えるのも四苦八苦。釣ることだけで精一杯でした。バスバブルのまっただなかで、参加人数も多いときは200人超。そうそう甘い世界ではなかったのです。

ここで勝って、プロになって……なんてことはいっさい頭にありませんでした。どうしたらこの大人たちと同等に戦えるか。トーナメント自体が楽しすぎて、それ以上の願望なんて出てこなかったのが正直な気持ちだったと思います。ちょっとずつ成績が出たり、仲間や面倒見のよい先輩たちに恵まれて、釣りの楽しみは倍増していきました。

ただ、誰かから特別にレクチャーを受けるようなことはなかったです。「聞きたいけれど、聞いちゃいけない」。そんな暗黙の了解がありました。簡単に教えてもらっても身にならない、自分で考えてこそだと……。釣ること以上に大切なことを教えてもらった、先輩方の存在は大きかったです。

トーナメントの成績がコンスタントに上がってきたのは、サイトフィッシングとカバーの釣りが少しずつ理解できるようになってからです。ルアーへの反応はもちろん、釣りの所作にいたるまで、なにがよくてなにがダメなのかを目の当たりにできたことが、バスの習性や行動を理解する近道になったと思います。

どうしてもそれだけでは釣れない状況に出くわすと、ほかの釣りも取り入れていきました。クランクベイトやビッグベイト、魚探の釣り。迫られて練習したわけですが、辛抱してやったというより「こんな面白いことがあるんだ」という感覚のほうが大きかったです。

釣り具をいじるのも好きでした。売っているルアーの改造はもちろん、やがてルアーそのものをイチから作るようになりました。高校生のころにはエアブラシを買ってミノーを削ったり、モールドからジグヘッドを作ってフットボールジグを巻いたり。釣りに行く日数もそれなりに増え、ルアーをよくなくしたので、お金をかけずに自作するのは自然のなりゆきでした。

そんな考えも、トーナメントを経験して変わってきます。「ルアーに特別な性能があれば人より釣れる」。そんな目論見で作ったのがスモラバや虫ルアーでした。釣り場の実情に合わせて、必要に迫られて改良したり、微妙に違うタイプを作ったり。

「よくやるよね〜」としょっちゅう言われましたが、自分にとってはごく当たり前。実際の釣りとルアー作りは、別物のようで同じ感覚でした。目的はどちらも「よく釣れるようにすること」なので、改造にせよ新たに作るにせよ、改善点は現場で思いついたからです。なかなかすんなりいきませんが、工夫したルアーでうまく釣れるのは、たまらない瞬間でした。

これは今でも欠かせない楽しみです。なにか新しいことを探すのは、釣りに前向きに取り組む原動力のひとつになっています。

折金一樹のスタイルとスタンス

自分の釣りのスタイルを問われれば「特にありません」というのが正直な思いです。現在の環境ではレンタルボートやオカッパリ主体なので、それがスタイルといえるかもしれません。

よくよく振り返ると、いまだに釣りを始めたころと変わらないスタンスで取り組んでいると思います。バスの多面性を知ることが楽しいのです。

もちろん、はじめのころはできるだけたくさん釣ることが目標でした。その一方で、釣果と同時に「こんなルアーで釣れた！　こんな場所で釣れた！　こんな天気で釣れた！」という発見があったから、こんなにものめり込むことになったのです。「バスはどんな魚なのか」を検証することが面白かったわけで、思いがけない発見の連続にワクワクしっぱなしでした。

ですから、同じルアーで何十尾と釣った記憶はあまりありません。確実に釣れるとわかっていながら同じことを繰り返すと、ワクワクは薄れて、途中で飽きてしまうからです。さらなるドキドキを求めて、ほかのことを試したくなります。

だからこそ使う道具は制限しません。釣り方にも、実はあまりこだわりはないのです。特定の釣り方やルアーにこだわると、新たな発見が減ってしまいそうです。

今でもバスについて知らないことは多く、やればやるほど「実は違った」なんてことばかり。自分のスタンスとしては、まだまだ楽しめそうな世界をみずから狭めてしまいたくない……というか、そんな意識すらありません。もうしばらくは、このまま楽しませていただきます。

04 ORIKIN METHOD

バスの生態と知識

バスの生活サイクルを想像する

動物にとって不可欠なものといえば睡眠ですが、バスがどのように眠っているのかについては、あまり知られていないようです。

私は中学生のころバスを飼っていました（外来生物法の施行前です）。飼育下の特殊な状況ではありますが、夜、暗い部屋のなかで水槽にライトを当てると、日中とはようすが違いました。昼間はしっかり平衡感覚を保って泳ぐのに、夜は少し横たわったような姿勢をとることがありました。水槽を叩いたりしてもすぐには反応せず、しばらくして起き上がり、平静を装って泳ぎ出します。

また、反応の前後では目の動きが違いました。体が動くまで目玉は微動だにしませんが、泳ぎ出したとたんにキョロキョロ。その瞬間、目が覚めたのだと感じました。実際はどうだったのかわかりませんが、明らかに活動的ではなく、寝ていると解釈するのが妥当でした。

その後、バスが夜中や暗闇でも釣れることを知ります。文献によれば、光が充分に足りている状況では、バスの目は色覚と奥行の感覚を持っており、暗闇ではシルエットやコントラストの違いを判別しているようです。現にアメリカでは夜中に開催するトーナメントもありますし、場所や時期によって水深十数メートルの場所で釣れるのはよくあることです。

水深が深ければ光はあまり届かず、人間でいえばまっ暗な世界。にもかかわらず釣れるのは、感覚器を総動員すれば捕食できるということです。明るい状況と同じように捕食するのは難しいはずですが、そんな不利な状況でも捕食を行なう必要性があるということです。

このことから想像するに、産卵期を除いては、なによりも食べることを中心とした生活サイクルなのでしょう。狩りが成功する確率が高ければいつでも捕食行動に出るイメージです。

以前、濁流から逃げてくるバスを見かけたのですが、危険が迫っているにもかかわらずルアーに食ってきました。人間や水鳥がいようが関係なく激しい捕食行動をすることもあります。人間的にいえば「隙《すき》あらば食べてしまえ」。都合の悪い条件であっても捕食を優先させるのです。

それ以外でも、捕食に付随した行動が多いと考えられます。一定の区間を回遊したり、カバーのなかでエサを待ったり、エサを追って遠くの水域まで移動することなどは、その一例です。

一方で、なにもせずにじっとしていたり、オープンウォーターに浮いている時間があるのも事実。アフタースポーン初期や台風のあとなど、ダメージを受けたときによく見かける状態です。

ダメージがないのに動かないことも普通にあります。捕食に適した状況や機会がまったくない場合です。ルアーに反応させづらく、食べさせるキッカケも作りにくい状態のバスです。

ただ休息しているようにも見えますが、それでいかほどの体力を回復するのかはわかりません。少なくとも動かずに消耗を防いでいるのだろうと推測できます。

一連の考察をまとめると、「食べることが常に優先されるものの、成功する確率が低いならば、無駄な体力の消耗は避ける」といえそうです。想像の域を出ませんが、バスの生活のサイクルや目的は、案外わかりやすいのかもしれません。

バスと個体差

バスにはいくつかの興味深い性質があります。そのひとつは1尾ごとの「個体差」が大きく、異なる行動をとりやすいという点です。

生活環境の違いによる自然発生的な差異もあれば、経験やほかの個体との関係性による後天的な個体差もあり、どれも種を存続させるために備わっている特徴だと考えれば見逃せません。同じ日の同じフィールドなのに釣れるポイントやルアーが多様なのも、個体差が存在するから。バスが広い生息域を持ち、順応性に長けているためです。

また、ほかの魚種でも知られたことですが、個体の大きさによって行動が異なります。大きいなら大きいなりの場所やエサが必要であるし、小さいなら小さいなりです。こうしたフィジカルな特徴による違いも個体差と考えられます。

一方で、バスが群れて行動することもよくあります。その群れの規模を許容できる環境があり、なによりも群れでいることのメリットを共有してパフォーマンスを上げるために、それぞれの個体が一様な行動をとるわけです。

このようなとき、個体差は少なくなります。同じ場所で似たサイズのバスが釣れ続く場合、そこには特定のルアーに反応を示す群れがいると考えられます。

しかしながら、いつまでも群れで居続けることはありません。同じ行動をする目的が薄れたり、バスがさらに成長してメリットがなくなれば、群れは自然に解消されます。

つまり、個々が群れずに別行動をとることで個体差が生まれるのです。よくあることですが、特別に大きな魚ほどセオリーから外れた特異な状況で釣れるのは、この一例ともいえます。

環境の格差によって個体差が生まれることもあります。ふんだんにエサを捕れる環境のバスは健康的で、だからこそ動き回ってさらにエサを捕食できます。一方、プアな環境にいる個体は食えない→捕れない→食えない、というサイクルに陥りやすくなります。ですから釣れた魚が太っているか、痩せているかを観察するのは、状況を知るための有効な方法のひとつです。

これとは別に、個体差は環境以外からも生じているように感じます。その原因のひとつは「好奇心が旺盛であること」。バスを見ているとあちこち泳ぎ回りますし、ほかの魚の行動にもよく興味を示します。

好奇心の根底には捕食行動があるのだと思いますが、到底食べられないもの、たとえばボートやエンジンなどにも興味を示すほどです。このことがバスの経験値にばらつきを生み、ときとして同じ目的で同じ場所にいるバスであっても、ルアーへの反応が大きく変わってくるのです。

以上のような個体差を利用して、実際の釣りに役立てることも可能です。

ルアーのコースを意識的に変えたり、ひととおり攻めたあとにフォローとなるルアーを入れるのも「個体差」を踏まえた効果的な手法です。個体差の平均値を想定し、その差を埋めるような攻め方を選ぶのも、能率のよい釣りのひとつであると思います。

自然を学ぶことの難しさ

釣る対象がバスである以上、まずは相手のことを理解する必要があります。道具やテクニックなども、バスがどういった魚か、どのような行動をとるかが理解できたうえで意味を持ちます。

おおまかな知識はさまざまなメディアや人の話から学べるでしょう。この本もそのひとつです。しかし、それだけでは実状に合ったものとして使いこなすのは困難です。

たとえば天気や風、気温、水温についての知識。一見、数値や感覚でハッキリ認識できる現象のようですが、実際にはだんだん上がったり、下がったり、強くなったり、弱くなったりします。「風が吹けば食う」という知識を持っていても、いったいどの程度の「風」がプラスなのか？　フィールドで起こるさまざまな事象は、時間とともに変化し続け、ここからここまでという境界のない、連続したものなのです。

「地形や水深」についてはどうでしょう。長い年月による侵食や堆積などを除いて、あまり変わらない要素です。とはいえ、よくよく考えると、どこからどこまでが「岬」で「ワンド」なのでしょうか？　湖に境界線が引いてあるはずもありません。

バスを取り巻く生き物たちも、せわしなく動き回ったり、動かなかったり、いる場所を細かく変えたり。遠くまで移動することもあれば、バスと生活圏が重なったり、まったく遠い存在だったりもするので、どのように作用しているのかを完璧に読み解くのは不可能に近いでしょう。

そうはいっても、生き物たちは生き延びるために最適な選択をしているはず。なんらかのルールや法則があると考えられます。それを探し出し、特徴や範囲をピックアップすることが「バスを知ること」そのものです。それが突出したルールならわかりやすいでしょうし、より広い範囲に波及するものなら、多くのバスに当てはまるかもしれません。

釣り場で感じたことをどう判断するか、その積み重ねがルールを知るための第一歩です。

このくらいの暖かさはバスの行動にどういった影響を及ぼすのか。ダメな濁りというのはどの程度か。この風はバスを動かすのか、そうではないのか。自分の目や肌で感じたことを、自分なりの物差しにすることで、それらは貴重な知識や経験として蓄積されていきます。

ひとりの人間が接することができるのは、無限にある自然現象のごくひと握り。凝り固まった思考を持たず、柔軟に受け止めるスタンスが、より深くバスを知ることに繋がります。

エサは「ほどほど」がいい

バスの行動の大部分は、エサによるところが大きいと先に述べました。しかし、エサの存在がすべて釣果に反映されるとはいえません。ルアーに反応させるための必須条件ではないのです。

コイやレンギョなど、バスが到底食べることのできない大型魚であっても、釣りをするエリアに魚がいるのはよい情報です。人間が確認できるほど魚類が多いわけですから、バスにとっても居心地の悪い環境ではないはずです。

とはいえ、エサがふんだんにいたとしても、バスにとって魅力的かどうかは別問題。捕食できる確率が高いとはかぎらないからです。

特定のエサがたくさん見えるのに、バスに襲われている素振りがまったく確認できなければ、好んでねらわれてはいないと考えられます。違う言い方をすれば、少なくとも「その場所では食べていない」のが事実です。ですから、その周囲にルアーを投げ込むのは得策ではありません。せっかく見つけたエサの情報があるのですから、どのタイプのルアーがよいかを再検討して、もっと広い範囲をねらうべきです。その周囲のバスはエサを認識し、捕食に都合のよい場所で機会をうかがっているのかもしれません。

水中には、人間の目や魚探で確認できないエサもたくさんいます。カバーやボトムに隠れるタイプのエサは、それこそ大量にいないと目視ではなかなか発見できません。ですから、エサの特徴（好むロケーションや動き、性格など）を知ることも大事です。

エサを水面まで追っていたり、捕食しているのがわかる魚探の映像は信頼できる情報です。しかし、それがわかっても簡単に釣れるわけではないのが難しいところ。

特定のエサばかり食べているときにはその形、大きさ、色、スピードなどの情報がバスに刷り込まれているため、ルアーで釣ることは一気に難しくなります。ワカサギや稚アユなどの群れを追っていたり、視覚的にルアーを識別しやすいクリアレイクではこの傾向が顕著です。

特に「エサを群れとして意識しているとき」はやっかいです。群れに対して突撃することを繰り返すうち、「群れであること」が捕食行動のキッカケになることもあるようです。こうなるとエサの1尾をいちいち追わず、ルアーなんてなおさら……といった反応になります。

では、どのようなエサの状態が釣りやすいのか。どのようなバスとの関係性がベストか？

私の経験からいうと、ほどほどがいちばんです。「数も種類もほどほどいる」のが、ルアーにもっとも反応させやすい環境だと考えます。

なぜなら、エサが多くも少なくもなければ、バスはその存在を意識しつつも満足するほど食べてはいないだろうから。エサに対しての刷り込みもほどほどで、まだ充分にやる気のある状態だと予想できるからです。

複数の種類のエサを食べている状態であれば、さらに理想的。バスがエサと認識して反応する情報も広がります。大小のエサがいれば大小のルアーにもリンクしやすく、バスを騙しやすくなるわけです。

活性を考える

「活性」は、バスの状態を語るうえでよく使われる言葉です。「やる気」と考えれば人間に置き換えて想像しやすいでしょう。活性が高いなら活動的、低活性なら消極的と定義できそうです。

バスのまわりの環境によって、活性というバロメーターは左右されます。その第一が水温。魚は変温動物なので、水温は常に活性と密接な関係を持ちます。

フィールドにもよりますが、水温15〜25度だと活性が高いと感じることが多いです。低水温と高水温を比べると、後者のほうが比較的活性は高くなります。

しかし水温の値と同じくらい重要なのは、短期間での「水温の変動の仕方」です。

下がる場合は活性が低くなります。これはほぼすべての場合についていえます。真夏で水温が高すぎる状況であっても、一時的にはよい影響を与えないようです（溶存酸素量は増えますが、ここではその影響は考慮していません）。そして、極めて高水温である期間を除いて、水温の上昇は活性を高めることが多いです。

気象の変化も活性を左右します。急に曇ったり、雨が降ったり、明るさの変化する朝夕のマヅメ時もこれに含まれます。捕食行動がとりやすくなることを、バスは本能的にも経験的にも知っているのでしょう。

このようなタイミングでは、実際にエサがいて捕食行動に入っていなくても、多くのバスが臨戦態勢になりやすく、活性が高い状態といえます。その後、気象変化が落ち着けば活性は低くなります。もちろん狩りの成功率が下がるからです。

「流れの発生」も重要なファクターです。バスも、それ以外の生き物もなんらかの影響を受けます。流れを利用して捕食しやすくなったり、ターゲットとしてねらいを絞りやすくなるので活性も高まります。

ただし、意外にも活性の高さがバイトに結びつかないケースもあります。さまざまな要素が絡み合うので一概にはいえませんが、「追ってきた、見切られた、見向きもしない」などは活性の高さゆえの現象だといえます。運動量豊富に泳ぎ回る状態ですから、食べられるかどうかわからないものや、食べる気のないルアーにも反応してしまうのです。

活性が向上すれば判断力も高まるはずです。ルアーを追う→判断する、という行動を繰り返すことで、ルアーを吟味する能力も上がると考えられるからです。これは人間から見えるチェイスの有無にかかわらず、水中で起きている現象です。

もちろん一日のなかでは活性が高くない状況に直面することのほうが多いはず。したがって、活性が高いときとは釣り方を変えるべきです。アプローチやルアーそのもの、使い方を変えることで活性の低いバスも反応させることができます。

むしろそういう発想こそが「ルアー的」で、個々のルアーの特徴を生かした釣りが楽しめるように感じます（詳しくは95ページ以降で）。さまざまな大きさや動き、色、そのほかの特殊機能がルアーに備わっているのはこのためでもあります。活性の高さを敏感に感じ取り、それに応じた選択をしていくのも、能率的な釣りの一環です。

小さなバス、大きなバス

バスはサイズによって異なる行動を見せます。ここではバスのサイズと密接に関係している「群れ」について、また生活サイクルの中心となる「捕食」について考えていきます。

生まれてすぐのブラックバスは、ほかの仲間たちと密集するように群れています。生存率を高めるためです。一見、バラけたほうが生存率は高まりそうですが、そこは親の仕事。何度か場所を変えて産卵することが拡散の役割を担っていると考えられます。

成長するにつれ、生存競争に勝ったバスが残ります。しばらくは群れで生活を続けますが、その頻度は成長とともに減る傾向です。

群れる期間はフィールドの規模によって異なるのが一般的です。群れでいられるだけのキャパシティ（広さ、充分なエサ）がなければいけませんし、それを満たす水域であれば、群れのほうが能率的に捕食できたり、危険からのリスクを減らせます。

ちなみに、岸際ではそれほど群れを目にしません。メリットが少ないからでしょう。浅い場所では単体でいたほうがエサを横取りされる確率が減るし、危険も少ないと考えられるからです。沖側で群れをよく見るのは、その裏返しの理由からです。

また大型のバスほど群れるメリットもどんどん薄くなります。特別な場合を除いては、単体で行動するほうが合理的なようです。

バスの大小と「エサ」についても考えてみます。

稚魚のころは食べられる大きさに制限がありますし、群れているので捕食できるものは何でも口にしなければ競争に負けてしまいます。活性の高い小バスばかり連発することがあるのは、こうした理由もあるでしょう。

大型になると運動能力も上がり、エサの選択肢が広がります。ただし、大きなバスが小さなエサを捕食しなくなるわけではありません。小さいルアーの有効性はそのままに、大型ルアーの可能性が広がるともいえます。

その反面、体が大きいと小回りは利かないでしょうし、相手に危険を悟られやすくなります。大きな口と優れた泳力をもってしても、エサを追い詰めるには不利な面も多いように感じます。

このことを考え合わせると、バスは大きくなればなるほど「能率的なエサを選択する」と推測できます。少ない運動量でたくさんの栄養がとれるほうが好ましいからです。それを理解してバスが選択しているのかどうかはわかりませんが、少なくとも能率的に捕食するタイプのバスは大きく育つ傾向があるはずです。

では、「能率的なエサ」とはなんでしょう。小さなエサは、1尾だけなら能率がよいとはいえません。しかし圧倒的な量がいたり、確実に仕留めることができる状態なら能率的です。

大きいエサならどうでしょう。たとえば大きめのベイトフィッシュは泳ぐ能力も高く、それなりに捕えづらいですが、たくさんいればこれも緩和させられるはずです。

甲殻類の仲間、特にザリガニは、大きさもありながら逃げるのが得意とはいえない生き物で、とても能率的なエサといえます。デカバスがザリガニを模したルアーでよく釣れる理由のひとつがこれだと考えられます。

このように考えていくと「大きくて動きの遅いルアー」は、サイズの大きなバスにとってかなり魅力的。逃げられにくく、栄養価が高くて見逃せない存在のはずです。ビッグフィッシュの実績が高いルアーには、このような共通点があるのではないでしょうか？

折金一樹自身の亀山湖レコード（63cm・3795g）はゼロワンジグ+ドライブクロー3インチによるもの。ザリガニだと思って捕食したかどうかは別としても、「大きくて動きの遅いルアー」であることは間違いない

シーズナルパターン／エリアと分布

季節が移り変わると、バスは生活の場を変えていきます。1尾ずつについていえば、その動き方はさまざまですが、バス全体を俯瞰《ふかん》すると、分布の傾向がおおまかに見えてきます。千葉県の亀山湖（64ページ地図参照）を例に、分布モデルとして考えてみましょう。

《早春》

冬に消極的だったバスも、水温が上がるごとに活動をはじめます。劇的な影響を与えるのは水の流入で、特に暖かい雨は大きな引き金になります。小櫃川と猪ノ川であれば、水の流入量の多い小櫃川が圧倒的なパワーを持つでしょう。ワカサギがいれば産卵で遡上し、それ以外の魚種を引き寄せます。小さな流れ込みも一時的には同じように機能します。

こうしたきっかけと気温の上昇は、湖全体の水温を少しずつ押し上げます。特に安定した水温上昇が起こるのは広いシャローを擁する白鳥島周辺、水が動きにくい医院下エリアなどです。

《スポーニング》

水温が安定すると産卵行動が始まります。日光や流れ、障害物、水深などの条件が優れているエリアから先行して、やがて湖全体に広がり、上流を除いた温まりやすい場所で行なわれます。その後は条件が整わないエリアでもスポーニングが行なわれますが、よい場所ほど何回も使われる傾向があります。

産卵を終えると、もともと体力のある個体はすぐにエサを捕りはじめますが、そのほかは居場所に固執せず、スポーニングエリア周辺の岸や沖で浮遊したり、ゆっくりと回遊しながら体力を回復させます。この時期に小さくてスローなルアーが好まれるのはこのためです。

回復に向かうころは、上流を除く全域で多くのバスが釣れるタイミング。ほかの生物も活発に動き回るようになって大移動しなくてもエサが捕れること、そして湖全域の水温や水質が過ごしやすくなることも、エリアによるバスの偏りが減る要因になります。

《梅雨のころ》

雨が降れば活発にエサを捕り、降らなければ夏の日差しになる時期。より夏の傾向が強まると水温上昇や水質悪化が顕著になり、上流域や水通しがよい場所、下流域では沖メインで活動する個体も多くなります。小櫃川上流域、猪ノ川上流域、つぼりと、馬の背などがその代表格です。

《真夏》

さらに水温の上昇や減水が進むと、バスはシャローにいられなくなります。冷たい水を供給する上流域も例外ではなく、生活のスペースが確保できる水深まで下ることになります。集まりやすいのは水温上昇が緩やかな深みやシェード、少しでも風や流れのある場所。のむらボートハウス対岸、カラス宿や岩の上橋周辺などはこれを満たした岩盤エリアです。快適な環境は湖全体で減り、ルアーに反応するタイミングも限られるようになります。

真夏の傾向がピークを迎えるのはお盆のころ。高水温のまま環境が均衡を保つことから、わずかな天候の変化でもバスの活性を上げ、エサを捕る機会が生じます。

そしてお盆以降は水温上昇も底を打ち、少しずつ秋の傾向が強まります。

《秋》

状況を一変させるのは台風です。大量の土砂や泥水でダメージを与えますが、マイナスだけではありません。夏の不活性な水を押し流し、新鮮な水を湖に送り込んでくれます。

台風の直後は全域が濁り、水温も下がってエサを追わなくなりますが、濁りが取れはじめるとほかの魚と同様、より活発になります。広いエリアと水深に散らばって捉えづらくなるタイミングです。

また、気温が日に日に低下して上流からバスを遠ざけます。このサイクルはひと雨ごとに繰り返され、そのたびに水温を少しずつ下げて季節が進みます。

《晩秋～初冬》

冷え込みがいっそう厳しくなり、バスも水深8m前後まで広く分布するようになります。小さな個体ほど水温低下のたびにディープに落ちて、フラットなどで数が釣れるころです。ただし限定的ながらシャローで捕食するバスも残ります。

同時にターンオーバーが湖の各所で発生し、ルアーへの反応が悪くなります。水の動きを把握するのが難しく、それでもバスはまだ自由に動けるので、釣りづらい時期でもあります。

《真冬》

水温がひと桁になると本格的な冬の訪れ。エサを食べるバスと、動かずに越冬するバスの格差が広がる季節ともいえます。

活動的なバスのフィーディング場所は岬の沖やブレイクなど。水深もさまざまで、ときに水面近くで捕食することもあるほどです。亀山湖なら、上流側は長崎エリアまで可能性があります。

越冬するバスが好むのは流れの当たらない場所。水深のある崩落や岩盤の下でじっとしていることが多いようです。馬の背下流側や竹やぶ下の立ち木エリアなどが安定していますが、そのようなエリアも徐々に反応がなくなってきます。

そして水温が下げ止まり、水深にかかわらず水温が一定となる厳寒期。春の準備段階でもあります。

やがて水温が上昇に転じると、ふたたび春の訪れを迎えます。

亀山湖（小櫃川方面）

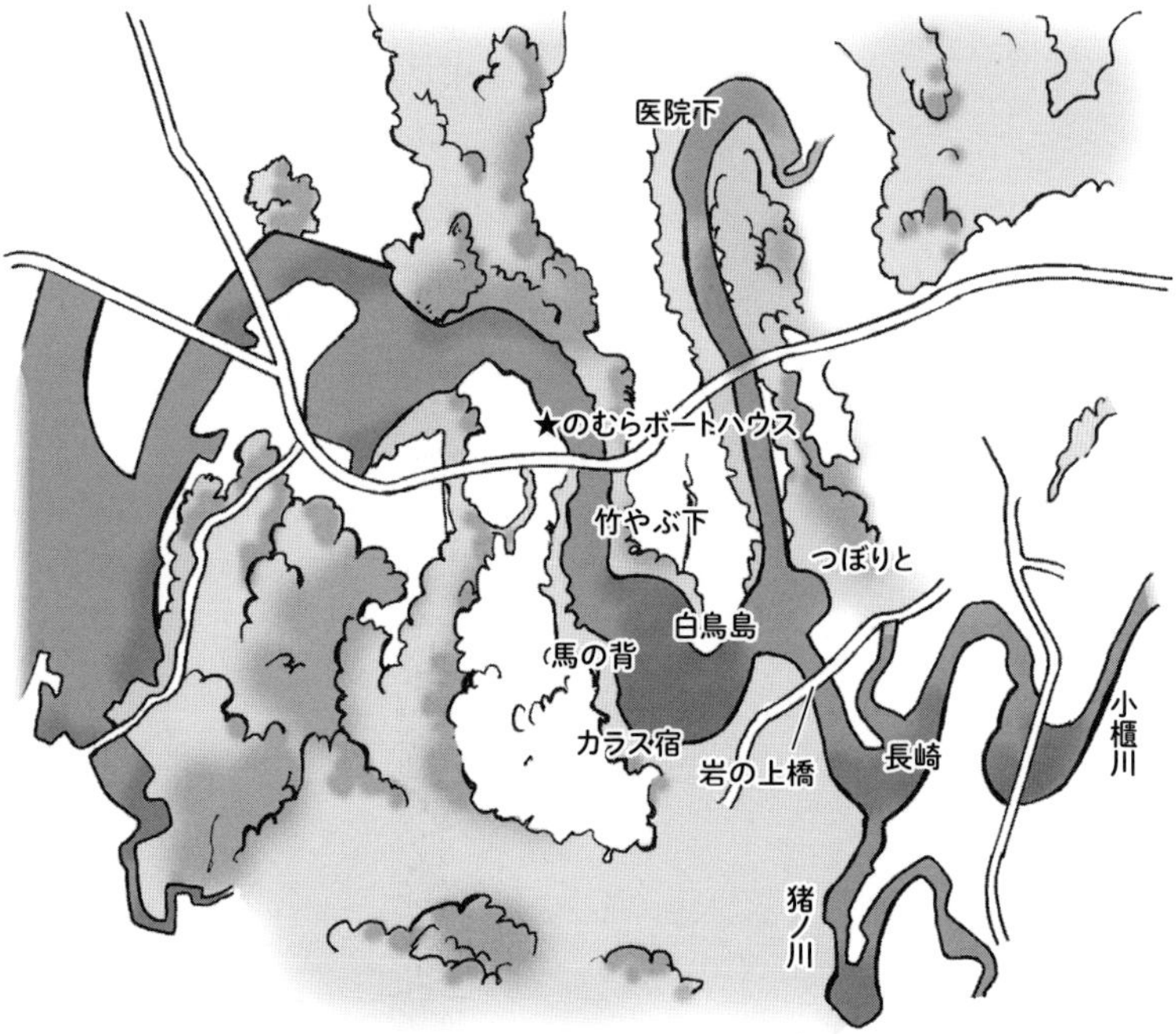

地形、そこに付随する「空間」

地形はさまざまな役割を果たしていることが知られています。捕食行動、身を隠すため、産卵、移動など、バスは行動に即した地形を選んでいるといえます。

しかし、バスは常に地を這うような魚ではありません。つまり、ボトムを掘って産卵床を作る場合などを除けば、地形そのものを直接使う行動は限られます。

小魚を岸に追い詰めて口に入る確率を上げるだとか、状況が大きく変わったときに地形の隙間に待避することはあります。

そうであっても、捕食や待避に至るまでの行動が、地形だけに依存しているわけではありません。そもそも捕食行動を行なう空間があり、エサが集まるのに適した空間がある、ということが大前提です。

つまり忘れてはいけないのは、地形そのものがよいのではなく、そこに関連した「空間」がよいのだ、ということです。岸にべったり寄り添うポジションをバスが取っていても、結局はそこに存在する水の特徴であったり、流れやエサの存在がバスを惹きつけているわけです。

もちろん地形的な特徴で湖を切り取って体系的に捉えることも大切です。一般的に岬は水通しがよいとか、ワンドの奥は安定しやすい、などです。

しかしながら、「岬」や「ワンド」といった区分は相対的なものでしかありません。そこを平らな湖岸線と見るか、岬の延長線上と考えるか、ワンドのなかとするかは状況しだいですし、人によってもその切り取り方、評価は異なるはずです。そう考えると、地形を指標にすることはかなり難しいように感じます。

解決への糸口になるのは、バスの行動を大きく左右する要素がなんなのかを念頭に置くことです。

同じ岬であっても、「捕食するのか？　水通しがよいのか？　待避する場所なのか？　シェードになるのか？」など、地形をどのようにバスが利用しているか考えることが大切です。言い換えれば、このポイントにどんな特徴があるかという既成概念を取り払うことが第一歩。おのずとルアー選びや使い方も変わりますし、エリア移動の意図もはっきりするので、能率的な釣りが期待できます。

ところで、バスの視点を抜きにすると、地形に由来する変わらない事象もあります。「水の動き」です。

程度の差こそあれ、上流と下流が存在すれば流れは発生します。山間部の川をせき止めたリザーバーはわかりやすい例です。基本的には湖底の深い側を水は通りますから、曲がりくねる形をしていれば、深くなっているカーブのアウトサイドがより強く流れることになります。

岬はもともと山の尾根なので、地形的な変化の分岐点になりやすく、水の流れも大きく乱れる地点です。その乱れ方は岬の規模や向き、流れの方向などと関係があります。一方、地形に囲まれたワンドは内部に水源がないかぎり、水が流れにくいといえます。

また、湖全体を見ると、基本的には上流に近いほど流れが強くなる傾向です。ただし湖の狭い部分ほど流れは速く、広い部分は緩やかになります。
この広い部分だけをクローズアップすると、流れの影響が少ないので、そのほかの要因が大きな比重を占めます。水の動きに影響するものとしては「風」が第一です。直接的に大きく水を動かしはしませんが、波立つこと、それによって起こる対流も重要な変化になります。止水に近い天然湖、野池なども同様に考えられます。

たとえばワンドは待避場所として利用されることもあれば、エサを捕る格好の狩場になることも。そもそも「ワンド」や「岬」などの区分は、人間が勝手に決めているものでしかない。釣れるとされる有名な地形も、台風などの影響で浅くなったり、橋が作られて流れが変わると一気に釣れなくなったりする

バスが水深を決める条件

見つけたバスが徐々に沈んでいくのはよくあることです。もちろん危険を察知したからです。ただ、どこまでも沈むわけではありません。人間から見えない水深ギリギリで留まることが多いように感じます。つまり、危険が及ばない水深を知っているのでしょう。

このことは、微妙な水深の違いをバスが認識し、利用している表われであるように感じます。バスが水深を決める条件としては、エサ、水温、光量、水質などがあります。

エサを意識している場合には、すぐそばの水深にポジションを取ります。追い詰めて食べることを想定して、地形やボトム、水面などとの位置関係を気にします。小魚の群れが水面に近ければその下、ボトムに近ければその上。昆虫がエサなら水面直下に定位することもあります。

水温については、変温動物なので安定していること、あるいは少し上がることが体の機能を保つのに好都合です。もちろん極端な低水温や高水温になる水深は避けます。

水の流入を除けば、水温の変動に影響するのは水面からの作用、すなわち気温や太陽光の量です。つまり表層から起こる変化をバスが好むか嫌うかで、行動の傾向は変わります。変化を好むなら浅く、嫌うなら深くが基本です。

ただし季節やフィールドしだいでは、水深に比例した水温の配列にならないことがあります。

夏期のサーモクラインの下は水が急激に冷たく、水質も異なることから、居心地のよいこのライン付近に魚類全般が集まります。秋のターンオーバーは、冬に向かって表層から徐々に冷える現象をぶち壊すように作用します。短期間に表層から冷たい水が落ちてくるので、水温だけをみると釣りが難しくなります。これらは一年のなかでも特別な例で、配慮が必要なタイミングです。

光量と水深の関係はどうでしょうか。

明るければ、バスを含めた生き物の存在がはっきりしますし、暗ければ曖昧《あいまい》になります。水深が増すと光量は減るので、バスは都合のよい水深に合わせてポジションを取ります。急にクリアアップすれば光が入ってエサも取りづらく、危険も感じるのでレンジを下げる。暗くなったら光量の多いシャローへ。朝マヅメ、夕マヅメが釣れるのはこの原理も大きく働いているはずです。

水質については、たとえば悪い水が流れてくればポジションが深くなったりはしますが、絶対的な要素ではないように感じます。ほかの条件との兼ね合いに注目すべきです。濁ったときに浅いところにいるのは光量やエサとの関係が大きいですし、局所的な強い濁りなら水深を変えず、むしろこれを利用していることも多いからです。

以上、さまざまな要素のバランスによって、バスに都合のよい水深が定まってくると考えられます。こういうと正解の水深はごく狭いようですが、急激な変化があった場合を除けば、ある程度の許容範囲があります。水中映像などを見ると、あんがい自由に泳いでいたりするものです。

もちろん無駄には動きませんが、なんらかの変化があれば興味を持って積極的に浮いたり沈んだりします。トップウォーターに水面を割って出たり、ノーシンカーワームを追ってかなりの水深まで潜っていくのはよい例です。バスにとって最適な水深はある程度決まっているとはいえ、実際の釣りでは、水深に囚《とら》われすぎない意識が必要だといえそうです。

カバーの存在意義

バスはカバーが好きな魚です。とても広いフィールドであっても、カバーにはたいていバスがいます。生活するうえで都合がよい場所なのでしょう。

釣り人にとってもカバーは絶好のロケーションです。ねらいが絞りやすく、集中力も増して能率が上がります。さらにはルアーで騙しやすくなるので、釣果にも大きく貢献します。

バスがカバーに寄る理由として、真っ先に思い浮かぶのが捕食行動です。カバーの種類にもよりますが、バスが好んで食べるエビやゴリ、ほかの小魚にも好まれやすいポイントです。隠れるために利用されることもあります。日光や水温を和らげる屋根になったり、外敵から身を守る場にもなります。

遮蔽《しゃへい》物としての役割も果たします。大雨による濁りや強い流れを労せずやり過ごせるシェルターです。寒い季節には、水面付近を覆うカバーが水温の変動を和らげる働きをしてくれます。

これらのメリットが重なると、そのカバーはより魅力的になります。身を隠しながらそのなかのエサをねらったりできれば、バスにとってたいへん好都合だからです。好条件の揃ったカバーは、たとえフィールド全体の状況が悪くても居心地のよい場所になり、季節を問わず変化に強く、バスをストックする力があります。

しかし、カバーにいるバスがかならずしも良好な状態とはかぎりません。好き好んでそこにいるのか、一時的にいるのか、致し方なくいるのか。コンディションが違えばルアーへの反応も変わります。「カバーにはなんでもかんでもネコリグ」といった発想では、能率的に釣りができているとはいえません。だからこそ、カバー用のルアーやリグは種類が多いのです。

カバーのメリットが薄れると、バスはその場を離れやすくなります。なかでも居住空間が減ってしまう減水は大問題です。波風が強すぎるときなども、浅いカバーにいづらくなります。これは単純にカバーに体がぶつかるからだと思われます。

もちろん、よいカバーがありさえすればバスがかならずいるわけではありません。ほかを凌駕《りょうが》するスペシャルな場所であれば別ですが、たいていは目立つので、すでにほかの人が釣りをしている可能性も高いはずです。

バスがいるかいないかはカバーだけでなく、そのまわりの環境に大きく左右されます。特に「水深や水通しがちょうどよいかどうか」は優先順位の高い項目です。ですから、カバーで釣れたときには、その背景にある周囲の状況を読むことが欠かせません。

カバーの大きさと密度

カバーとひと口にいっても、さまざまなバリエーションがあります。ここではフィールドの障害物全般を考えていきます。

まずはマテリアルによる違いです。カバーの多くは植物で、樹木や竹、ツル、岸から倒れ込んでいたり水中から生えている場合もあります。浮いている枝などが特定の場所に密集すれば水面を覆う障害物になりますし、同じものが沈めばオダになります。オダに関しては人為的なものも多いです。群生するウィードや水面を覆う水生植物、岸際に生えるアシやガマもカバーです。植物以外のもの、たとえば消波ブロックであったり、漁礁や桟橋などの人工構造物もカバーとしての役割を果たします。

さまざまなタイプがあってバスを惹きつける要素もそれぞれですが、まずはカバーの判断基準となる「大きさ」について考えてみます。

単発の小さな木と流れ着いた大木、何百メートルも続く消波ブロックを比べると、バスをストックできる量は段違いです。当然、小さな木は環境の変化に対しても脆弱《ぜいじゃく》です。しかし、周囲になにもなければ頻繁にバスが利用するカバーになりえますし、短時間で探れるという利点があります。巨大なカバーは状況の変化に強いのですが、全体をチェックするのに時間が掛かります。

「カバーの密度」も判断基準のひとつです。たとえば、倒れてまもない木には葉っぱが残っていて密度が高く、時間が経つにつれ枯れて密度は低くなります。密度が高ければ高いほど、そのカバーは外界との水の行き来を遮断するので、流れや水質を隔てる効果が大きくなります。太陽光を遮断して影を作ったり、夏に水温上昇を抑える働きも、密度の高いカバーの長所です。

さらには釣り人などの外敵に気づきにくくなるので、カバーに接近できてより釣りがしやすくなったり、ルアーやラインを見破られにくくなります。ただしバスからもルアーを発見しづらくなり、釣りに時間が掛かる点は、能率面からいえばマイナス。カバーの密度が高いせいでアプローチが難しかったり、キャスト精度が必要になるかもしれません。

カバーの構造

カバー自体の「構造」も大事なポイントです。これは大きく3タイプに分類できます。

まずは水面付近に浮くもの、もしくは浅い水深にあるもの。マットカバーや浮きゴミ、角度の浅いレイダウン、桟橋などです。シェードを形成し、カバーの下に広い空間を作り出します。

水が自由に出入りするのが特徴で、流れや水質に対する遮蔽物としての働きは低いですが、魚も容易に出入りしやすいタイプだといえます。密度が高ければ高いほど外気と触れづらいので、カバーの下では水温の変動が和らぎます。バスも、このタイプのカバーは身を守ってくれる効果が高いことを知っているように感じます。

ふたつめは、水底付近に沈むカバーです。まっさきに思い浮かぶのが沈んだ流木やオダ、背の低いウィードなどでしょう。これも水を遮蔽

カバーの構造・3タイプ

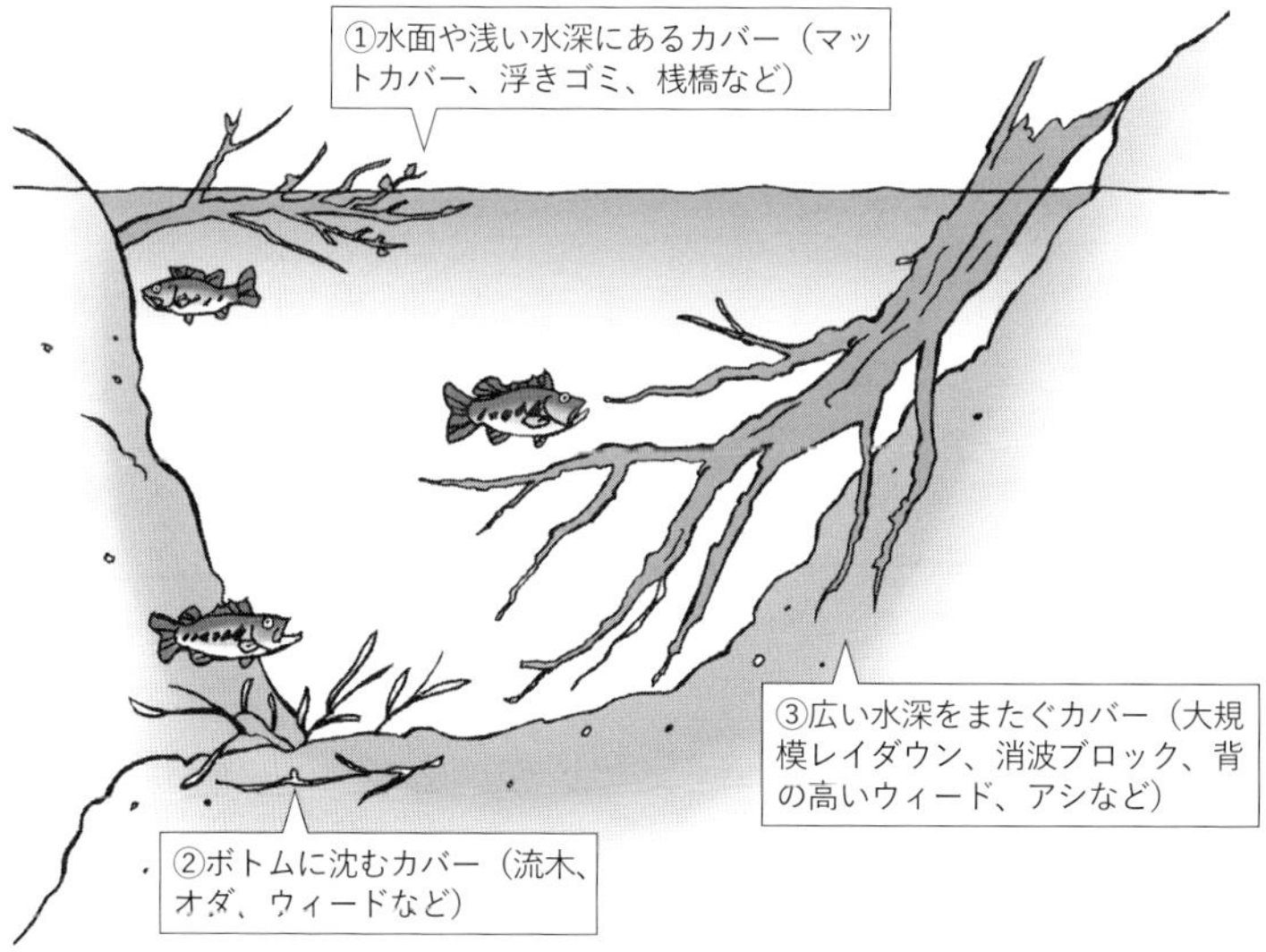

する能力は高くありません。

一定以上の水深がある場所に多いので、シャローと比べて競合するカバーが少なく、なにか不都合があればバスはとても頼りにするようです。ただしカバーの内側に入り込むこともあれば、距離をおいてまわりにいることも多いようです。ここでエサを捕ることもありますが、なにもない沖に留まる理由としても利用しているように感じます。

3つめは広い水深をまたぐカバーです。斜めに倒れて水底に突き刺さったレイダウン、水面から顔を出す消波ブロック、水面まで伸びきったウィードやアシなどの植物も該当します。

このタイプの最大の特徴は、水を遮蔽する能力が高いこと。カバーのなかだけでなく、これらによって囲まれた水域があれば、外界とは完全に異なる水を保つことが可能です（アシで囲まれたポケットなど）。よいことばかりではなく、悪い水も留めやすいといえます。

高さのある障害物なのでしっかりとした影を作り、バスが隠れる場所も多くなります。かなり深いレンジまで伸びていれば、環境の変化に強いカバーだといえるでしょう。

また、水温や水位が変動してもバスが水深を変えることで対応できます。特に減水時にもバスが抜けにくい点は、釣り人からすれば秀逸な特徴です。このようなカバーはほかの生き物も惹きつけるので、エサの対象も必然的に広がります。

この3つがおもな分類ですが、ほかにも硬さや水質、経年変化などの特徴を加味して見極めていきます。何種類かのカバーが複合的に存在すればより多くの特徴が備わるため、バスにとってさらに快適な環境になります。

濁った水、クリアな水

バスを取り巻く水は、人間でいえば空気のようなもの。濁りは空気中の混入物にたとえられます。砂ぼこりのように嫌悪感を感じるものもあれば、さして気にならない塵《ちり》や花粉があるように、水中でもバスが気にしない濁りからひどく嫌う濁りまで幅があります。

濁りの大きな原因は3つあります。いちばんオーソドックスなのは泥や土によるもので、雨の流入や波風による底質の巻き上げ、工事などの影響が代表的です。

ふたつめは、プランクトンの発生によるアオコや淡水赤潮などです。水温の上昇や水の停滞などによって植物プランクトンが大量に発生し、酸素の欠乏が起こったりします。本来の濁りとは違うかもしれませんが、釣りにおいては同じように考えられます。

3つめは生活排水や農業用水の流入です。これには洗剤や農薬に含まれる化学物質が混入している可能性があるため、注意深く観察する必要があります。

このようにさまざまな原因があり、バスはかならずしも濁りを嫌うだけでなく、その程度によって反応を変化させます。

捕食や身を隠すために利用できる場合は、濁りを都合よく捉えていると考えられます。バスがエサに接近しやすくなったり、エサが適切な逃げ方ができずに混乱するメリットがあります。もちろん追う側のバスも同じ条件ですから、捕食しづらくなるケースもあるでしょう。

濁りが濃くて範囲が広いと、悪影響になることが多いようです。呼吸もしづらく視界も悪くなって安全な場所に待避するためです。

しかし、こうした良し悪しはあくまでバス目線での話。釣りやすいか否かは別の問題です。濁りはじめに近い状況なら食べやすさを優先することもあるし、エサが大量にいれば濁りをものともせずに活発な捕食行動を行なったりします。さらには同じような濁りでも、ほかの条件との兼ね合いでバスの反応は変わります。寒さや暑さ、流れなどとは常に関係性があります。

普段より水質がクリアになる場合も濁りの延長線上で考えます。クリアだからいい、悪い、とは判断できません。バスがどのように捉えているかが重要です。快適に泳ぎ回れると感じるならよい影響。エサが取りづらい、危険だと感じれば悪影響です。よさを引き立てるほかの条件や、悪さを緩和する状況があれば、ともにバスを探すヒントになります。

一時的な濁りだけでなく、その釣り場が持つ恒常的な濁りぐあいは、バスの基本的な性格に影響します。普段からクリアなら視界を広く保てるので、エサや条件のよい環境を見つけるために広く速く泳ぎがちです。濁っている環境では泳ぐ範囲は狭く、ゆっくりになります。無闇にエサを追い回すことはせず、チャンスとあらば一瞬で食べなくてはなりません。ルアーがポイントを通過するとき、逃すまいと瞬間的にバイトしたように感じることが多いのは、このためです。

とはいえ、濁りは数値では表わしづらい要素です。とても濁っているかとてもクリアの両極端なら判断しやすいですが、曖昧《あいまい》なときは個人の主観に委ねられます。色や粒子の大きさ、密度、また場所や時間帯、太陽光などによっても濁りの見え方は変わるもの。一定の基準を持ち、的を射た判断をするためには、常日頃から水中を観察して濁りの影響を考えることが必要です。

水の流れがもたらす効果

流れの当たるところにいるバスは基本的にアクティブだといえます。

おおもとをたどれば、フィールドの多くはなんらかの方法で水を貯めた止水域、またはそれに近い環境です。ここに流れが加わることでさまざまな影響が生じ、環境の違いや変化を生んで魚を引き寄せます。特に、普段はあまり流れがないフィールドでは爆発的な影響力を持ちます。

どこかが流れの発生元になり、弱まりながらその範囲が広がるのが普通です。河川やダムなら上流から、水門があればその開閉によっても発生します。野池では流れ込みなどが該当します。ただし、全域に同じように流れが作用することはあまりありません。多くのフィールドは単調ではない形をしているので、湖岸線や水中の地形変化などによって流れの強弱が生まれます。流れを遮《さえぎ》ったり、集結させたり。点在する障害物も同じような変化をもたらします。そして、流れは時間とともに弱くなっていく傾向があるといえます。

続いて、流れによる影響の細部について考えていきます。

水を循環させるポンプのようなものでないかぎり、流れは新たな水を送り込んでいるはずです。つまり、もともとの水とは「水質が違う」といえます。更新された水質や水温がそのときのバスに適していればいるほど、その流れは魚を引き寄せます。不適切であれば魚を遠ざけます。

また、流れは水面を波立たせることで通常より多くの酸素を水に取り込みます。水同士がぶつかったり、物に当たることで対流し、酸素を行き渡らせます。もちろん、流れてきた水そのものがすでに酸素を多く取り入れていることも見逃せません。水中の生き物にとって溶存酸素量はたいへん重要ですから、流れの周辺には多くの生き物が引き寄せられます。

同時に、流れそのものの強弱は不均衡を生み出します。エサが多い場所と少ない場所。捕食しやすい場所と追いづらい場所、などです。魚を含めた水中の生き物たちは、流れに応じてそれぞれ都合のいい居場所を定めるからです。

そもそもバスが居残っていられるような適度な強さの流れかどうか、という問題もあります。流入する水の状態がほかと比べて特によければ、それだけでも流れに集まる充分な理由になるといえるでしょう。

さて、ここまでは流れのよい面を取り上げましたが、かならずしもそれだけではありません。流れによる対流は水温の変動を加速させます。低水温期にはこれが急激な水温低下を引き起こしますし、それ以外の時期にもバランスが保たれていた環境を流れが乱す場合には、マイナスになりえます。

たとえ魚にとってはよい影響の流れでも、釣りやすいかどうかは別問題で、居場所がコロコロ変わって釣りづらくなったりします。流れの発生以前から快適な状態で均衡が取れていたときには、バスが新しい水や流れを避けることもあるわけです。

このように考えると、流れがあるからといって常にバスがアクティブとはかぎりませんし、かならず釣りやすいともいえません。流れを好んで利用するときもあれば、嫌うときもあるからです。「ちょうどよい流れを選んでいる」という表現が妥当かもしれません。

風はカンフル剤

風はすべてのフィールドで発生します。さまざまな効果を水中にもたらし、その多くが魚の活性を上げるカンフル剤のような働きをします。ほかの要素と特に異なるのは、風は急に吹いたり止んだり、一日のなかでコロコロと変わる性質がある点です。

水の流れや水温、水質、その日の天気などは、たとえ変化するとしてもその現象が進んでいく方向は周期的で、極端には変わらないことが大半です。それにひきかえ風は強さも方向も短時間で変化し、影響を与える範囲がそのたびに急転換することも珍しくありません。

季節によっても吹きやすい風のタイプがあります。早春の南風は季節を先に進めますし、冬の冷たい北風は寒さをいっそう厳しいものにします。フィールドによっては山から吹き下ろす風、谷間を抜ける風もあり、特定の地域では天気予報より強い吹き方をすることもあります。

では、風は水中にどのような影響を及ぼしているのでしょうか。

「流れ」の項目でも触れましたが、水は大気と接する水面から多くの酸素を取り込みます。したがって、風で波が生じると水面の表面積が広がり、水中の酸素量を増やすことに繋がります。特に酸素量の少なくなる夏期には、これは大きなプラス材料と見なくてはいけません。

また、波は水を対流させて表層をかき混ぜる働きをします。どれだけ熱い飲み物であっても、フーフーすることで温度が下がるのは誰もが知るところです。特に天候などで温められた水、冷やされた水が混ざることは、その影響を一層強めたり弱めたりします。春の日中に温まった水がさらに暖かい風でかき混ぜられる恩恵がいかほどのものか、想像に難くないと思います。

なお、風そのものは流れほど大きくは水を移動させないのが普通ですが、対流によって少しずつ水を動かすことはあります。特に浅い水域ではこれが起こりやすくなります。濁った水が流れ込んだあと、風によって広がっていくようすはとても興味深いものです。

波によって岸際に濁りが発生し、一時的に小魚を呼んでバスが集まることもあります。

風は気圧の変化も伴います。強い風が吹くときは気圧差のある範囲が通りすぎていくためです。直接的な影響ではないですが、気圧が下がると魚が動きやすく、気圧が上がると動きが鈍るといわれています。もちろん魚にとっては風の影響が先か、気圧が先かはわかりません。それでも、あまり風の影響を受けなさそうなディープのバスが吹きはじめと同時に食いが立ったりする場面をまのあたりにすると、気圧の変化が水中に影響を及ぼしている可能性は高いと感じます。

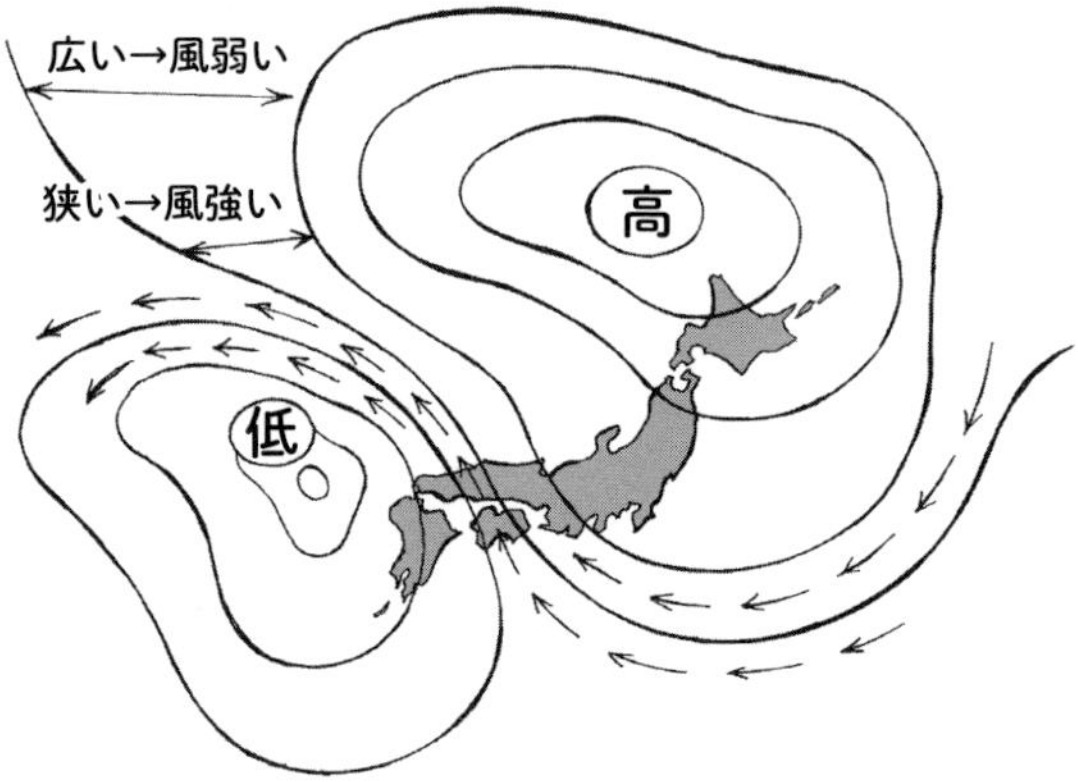

風は高気圧から低気圧へ、反時計回りに吹き込んでいく。等圧線が広い場所では風が弱く、狭いほど強い。厳密な風向きまでは読み取りづらいが、この天気図では関西で南寄りの強風が吹きやすくなっていることがわかる。関東は穏やかに晴れており、明日〜明後日にかけて徐々に荒れてくると予測できる

釣れないフィールドは、なぜ釣れないのか

難しいとされるフィールドには、それなりの理由があります。関東なら牛久沼や霞ヶ浦本湖などでしょうか。難しさの根本はたいがい簡単なことです。バスの数が少ないこと、そしてルアーで反応させづらいこと。どちらも、釣れる確率が低くなる原因そのものです。

魚の数が少ないと単純にルアーとの遭遇率が下がり、バスの状況を知ることも困難になります。釣れないからわからない、わからないから釣れないというサイクルに陥ってしまいます。

状況が読みやすいスポーニング期間などにかぎれば、難しいフィールドでもバスの動きを追いやすくなるでしょう。あるいは有名な大場所で、実績のあるルアーに絞るのもひとつの方法です。しかし、こうしたわかりきった作業に焦点を置くだけでは、釣れる確率はたいして高められません。そもそもバスの数が少ない状況では、全体の動向から離れたイレギュラーな行動をする魚やラッキーフィッシュは期待できません。王道を知るべきです。そのためにはフィールド全体を俯瞰し、細かな変化も見逃さず判断材料にしていきます。

圧倒的によいとされる大場所は、誰の目にも明らかです。それを踏まえて全体を見ていくことで、ほかのよい場所をあぶり出したり、大場所を正当に評価することに繋がります。

どんなによい場所であっても、ほかの場所と比べて釣れる期待値が10対0にはなりません。真冬を除けばもう少しバラけることが多いはずです。これを推測できれば、釣るための時間配分に生かせます。要するに、より釣れそうな場所に多くの時間をかけるわけです。

このように、期待できる釣果を見据えて時間配分を割り当てるのは、たいへん能率的な作業だといえます。と同時に「どこがどのくらい期待できるか」を比較できれば、さまざまな要素のなかでバスが重要視する本質が実感でき、状況の変化を感じることにも役立ちます。

続いて、もうひとつの原因である「ルアーで反応させづらい」理由を考えてみます。

スレているから反応しないこともあるでしょう。しかしそれだけに気を取られると、ルアーを小さくしたり、釣りの精度を上げることに終始してしまいます。

ルアーに反応させづらいのは、「反応する時間や場所が限定的」なのも大きな理由です。だからこそ、騙せる確率が下がっているわけです。

「反応する時間」について考えると、着目すべきはその日ごとの反応しやすいタイミング、朝昼夕それぞれの違い、天候や光量による反応の良し悪し、といった要素です。

ピーカン無風の一日でも、微妙にそよ風が吹いた時間帯のみバイトが増えるかもしれません。わかりづらい変化をあぶり出すことで、解決の糸口が見つかるはずです。

さらに細分化すれば、1投ごとの「ルアーが泳いでいる時間」による反応の違いも含まれます。ストライクゾーンに長くルアーを置いたり、よりスローに扱って「バスが反応できる時間を長くする」という意識も、ときに大切です（ただ長くすればよいとはかぎりませんが）。

「ルアーに反応する場所」についても、そのポイントを形成する要素（地形、水質、流れ、水温など）をより吟味します。また場所をどう利用するかも大切です。ルアーに反応させにくいときは、どの種類を使うかと同じくらい「ルアーが進む方向」が重要な鍵になることも多いのです。

「足りない条件」を考える

もともと高滝湖や亀山湖で釣りを覚えた私は、しだいに関東近郊のレンタルボートフィールドへ足を伸ばすようになりました。今まで覚えたことをほかのフィールドで試す。まったく通用しないこともあったけれど、意図したとおり釣れたときは、飛びあがるほど嬉《うれ》しいものです。

ところで、フィールドが変わったときに考えるべきことはなんでしょうか。

シーズナルパターンも気にしますし、食べているエサの知識も大事でしょう。地形的に優れているスポットの見極め、あるいは水質の良し悪しが重要かもしれません。こんなふうに順当にひとつひとつの条件を精査するのは、もちろん大切な作業だといえます。

しかしながら、右に挙げたような条件がどこのフィールドでも常に重要かというと、実はそうとも言い切れないのです。

私がいつも気に留めているのは、それぞれのフィールドに「足りない条件」です。

浅い水深が広がるフィールドでは、深い場所がキーになります。水の流れが少なければ、よりカレントのある場所。どこにでもワカサギがいるなら、逆に、いない条件は何だろうか？

初めての場所で「絶対にここにいると思ったんだけど……」や、「食べると思ったけど、なぜか食べてくれない」はよくあること。これらの原因も、元をたどればなんらかの「足りない条件」が、バスの性格や特徴に影響を与えていたりするのです。

知るべきセオリー、無視していいセオリー

バス釣りにはたくさんのセオリーがある、とされています。季節について、環境やコンディション、釣り方、そしてバスそのものについて。

完全に的外れなものは少ないはずですが、実際のフィールドでどの程度当てはまるのかは、さまざまです。受け取る側がそこを含めて理解する必要があります。

いくつかを例示して真相を考えていきましょう。

バスは日光を嫌う

嫌うといっても、まぶしいかどうかはわかりません。深海魚であれば嫌うかもしれませんが、バスは日光の届く範囲にいる魚なので、順応しているはずです。

ただし、日光を好むかどうかは別問題。明るいところでエサを追っても成功率が下がるはずですし、危険も感じるはずです（実際に襲われるかは別として）。そう考えれば日陰のほうが都合がよいことになります。

もちろん、それを差し置いてでもエサが取れたり、快適であると感じればギンギンの日向にいることもあります。

バスに話し声は聞こえない

声を出して逃げられた経験はありません。人間の話す音域と、バスが聞き取れる音域は違うそうです。とはいえ、プールなどに潜って水上の音が聞こえることはありますよね。バスもなにかを感じ取っているかもしれませんが、どちらかというと話に夢中になって不用意な行動をとるほうが、魚に警戒されたり釣るチャンスを逃す原因になると思います。

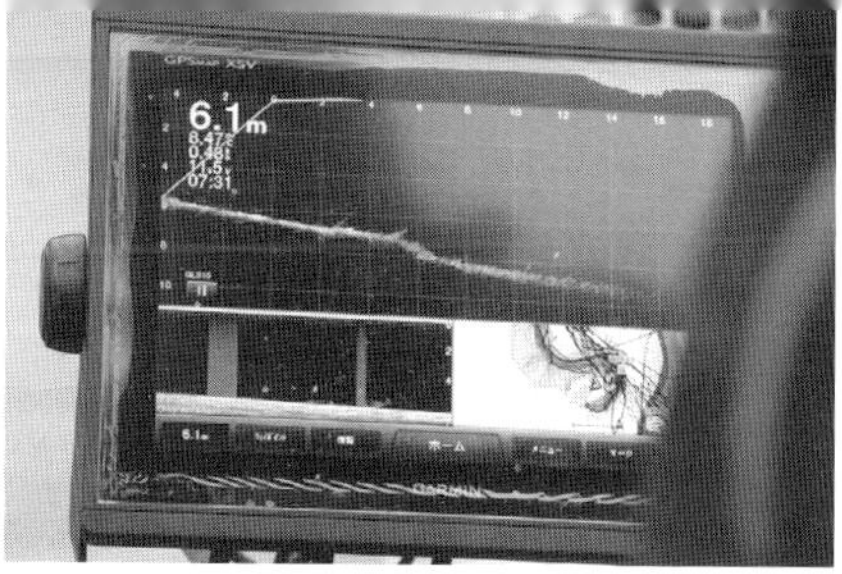

バスが○○で釣れた

○○はポイント名、あるいは「立ち木で釣れた、ボトムで釣れた」などです。この情報も必要ですが、本質的にはなぜそこで釣れたのかが大事。

立ち木はあまり関係ないかもしれません。ポイント名やパターンのこじつけになって、ただただ立ち木を回るだけになってはいけません。

春は越冬場所(ディープ)に隣接した浅場

間違いではないですが、そんな場所はいつでも１級ポイント。春だけにかぎりません。バスはエサがいればどこへでも移動します。日本のリザーバー程度の規模ならどこでも「ディープ隣接」でしょう。もちろん変化に対応しやすく順調に春へ向かう場所、という意味では正しいかもしれません。

春は大きい個体から動き出す

その冬の気候や湖のコンディションにもよります。冬が厳しいときは低水温でも大型だけ活動していますが、エサが多いなど湖の状態がよければ冬も40cm前後のバスは活発に泳ぎます。「春はコンディションのよいバスから動き出す」が正解かもしれません。60cmを超えるようなバスでも、高齢でコンディションのよくない個体は遅れて動き出すように感じます。

××℃からスポーニングに入る

湖によって違いますし、水温だけがスポーニング開始の基準ではありません。もちろん優先順位の高い指標ですが、水質や天候、流れや潮回りも影響します。

水温が高くなくても、ほかの条件が抜群に整っていると例年より１ヵ月くらいはやくスポーニングが進んだ例もあります。どんなエリアでどのようにスポーニングが進んでいるかのほうが、季節感を知るには大事な情報です。

産卵床のオスはエサを食べない

オスは卵を守るために侵入者を排除します。基本的には敵を追い払うことが優先されるようですが、絶対に食べないかというと、そうでもないようです。ギルの尻尾が口から出ている状態でほかのギルを追っていたり、落ちた虫を食べるオスもいます。もちろん積極的に食べるのではなく、排除行動の延長線にたまたま現われた行動なのかもしれません。

夏は暑くて活性が落ちる

活性が乱高下するシーズン、それが夏だといえます。無駄に動くといちばん体力を消費する季節です。しかしながら、体の代謝を保つためにはほかの季節以上にエサを取らなくてはなりません。朝夕は激しくフィーディングしますし、チャンスがあれば瞬間的にスイッチが入ります。

秋は荒食いする

バスは秋だけでなく一年を通して虎視眈々と荒食いをねらっています。食えるときに目一杯食べるのが自然ですが、環境がそうはさせてくれません。通年でバスが荒食いしやすい瞬間は、天候の変わりめやエサが大量に集まるとき。このことからも、変化の少ない平常時は、エサを食べられる確率があまり高くないと察しがつきます。

秋は環境が変化しやすい季節です。バスとエサの関係性も変わりやすいと考えれば、捕食のチャンスも増えるはず。それで荒食いのタイミングも生まれやすいのだと推測できます。

ターンオーバーで釣れない

仕組みの解説は省きますが、冷えて水質が悪くなる現象です。見た目の水の悪さは、基本的に冷え込みの強さに比例します。あえてターンの酷いところで釣りをすることはないと思いますが、だからといって必要以上に悪く捉えるのもよくありません。多少の水質の悪さは、クリアになりがちな秋にバスを釣るチャンスでもあります。濁りや冷え込みにも対応できるルアーであれば、むしろ積極的にターンした場所もねらうべきです。

冬は暖かいところがよい

単に暖まりやすい場所は、同時に冷えやすいとも考えられます。バスは低水温を嫌うのではなく、水温の変動を嫌います。そのことは、表層から冷える秋に、バスが日に日にレンジを下げることからもうかがえます。まるで「同じ水温をなぞるように」潜っていくのです。暖かさをプラスと考えるのであれば、その水温をなるべく保持できそうな地形や障害物も必要です。

冬は上流では釣れない

低水温であっても、安定していてそこにいるだけの条件があれば、少数ながらバスはいます。第一にエサの存在。また、上流域は水温が低くてクリアなので、充分な水深やカバーがあることが第二の条件です。

逆をいえば、上流に向かってこれらの条件を満たすところまでバスはいる、と考えてよいと思います。ただしなかなか釣れないのもたしかです。

冬のバスは動かない

「寒くて動きたくない」という人間とは、まったく違う感覚をバスは持っているはずです。むしろ「動かなくてよい（動けるけれど）」に近いと思います。動く時間が極端に減り、活動と非活動の差がとても大きくなるイメージです。いざ動くときはハイシーズン並みに速いというのが実感です。

まずはパイロットルアーで探る

ルアーがなんであれ、バスの状態を加味したセレクトでなければ状況を探れません。当てずっぽうに「パイロットルアー」なるものを投げて、たまたま釣れた結果からバスの状態をうかがっても、筋道を立てた考えにはなりません。釣れる確率を上げていく作業にはなりがたいのです。

そこまで酷くなくても、まずは予測できる状況のなかで魚の反応が多くなるような、効率のよいルアーを選ぶべきです。

ライトリグは効率が悪い

スピードだけでいえば、遅い部類です。ただし釣りの効率がよいかどうかはまた別です。スピードだけが効率に比例するわけではないからです。

バスが留まっている範囲や反応する距離が短ければ、スピードのあるルアーは一瞬で過ぎ去ってしまいます。その点、ライトリグは一点に留めることで効率的になりえます。もちろんその逆もしかりです。

トップウォーターは高活性だと釣れる

スピードが速かったり派手なアクションのトップウォーターは、たしかに活性が高いときに効くことも多いです。しかしそれは水中で使うルアーも同じ。反応が悪い場合にはルアーを小さくしたり、スピードを抑えてレンジをキープしたりします。

その点、トップウォーターは魚に水面を割らせるハードルはあるものの、水面に留めておける、水面を利用したアピール、見切られにくい、といった特別な能力を持っています。

大きさやルアーのタイプを選んでアプローチすれば、かならずしも活性が高いときばかりが優位なわけではありません。

05 ORIKIN METHOD 道具を選ぶ

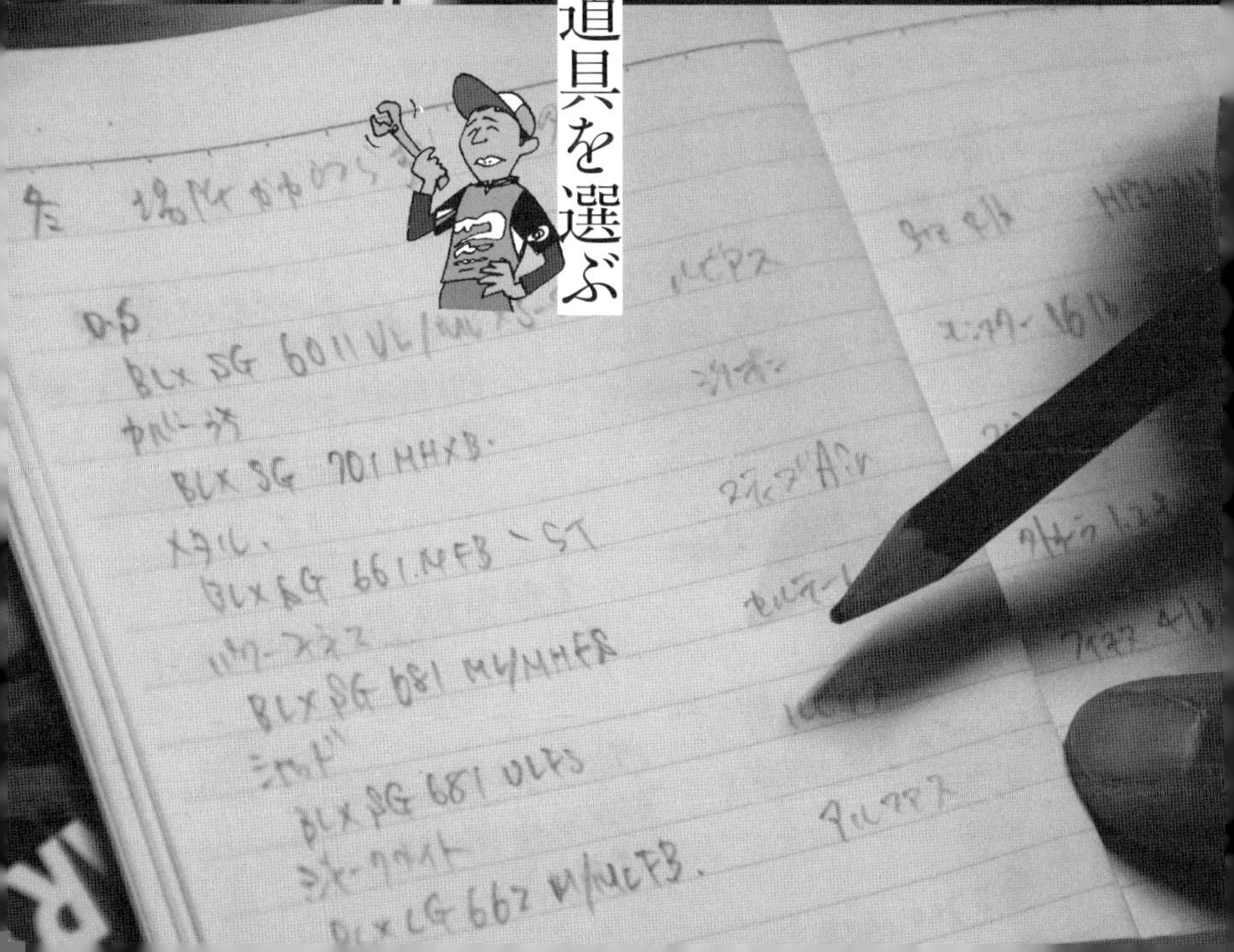

ルアーの能率とは？

ルアーの能率は釣果に大きく関わります。能率というと「ルアーの速さ」を想起しがちですが、速く動かせばかならず能率がよくなるとはかぎりません。釣果が伴う必要があるからです。

遅いルアーであっても、ねらう場所が絞れていてすぐに釣れれば能率は非常に高いといえます。ねらう場所が広く、なかなか釣れなければクランクベイトやスピナーベイトでも能率は下がります。

いったいどのようなルアーが適切で、能率的なのか？

考えるべきことは多岐に渡り、複雑でとても難解です。しかしこれこそがルアー選びの核心であり、楽しみの深さともいえそうです。

もちろん「こうすれば絶対に能率がよい」などと断言できる方法は存在しません。それでも、能率を左右する事柄について意識することで、目指すべき方向がはっきりしてくると思います。

ルアーそのものの性能、使い方、そしてバスの状態によって能率の良し悪しは変わります。実際にはこれらの要素を踏まえて相互に調整する必要があります。すべてを細かく説明するのは難しいので、ここではバスがルアーに反応するプロセスを噛《か》み砕いて、そのあとから関係性を考えていきたいと思います。

バスが反応するプロセスと「3つの行動」

まずは「バスがルアーを食べる」という現象を詳しくひもといてみます。

たとえば、テキサスリグをアシ際に投げて釣れたとしても、それはアシ際にバスが「いた」証拠にはならないはずです。いたのかもしれませんし、遠くからダッシュした可能性もあります。もちろんそこで「食べた」のは紛れもない事実です。

居場所が遠かれ近かれ、バスはルアーに気づいて寄ってきました。もちろん反応したのは1尾とはかぎりません。だとすれば、どのようなプロセスを経てバスが釣れたのか？

テキサスリグの存在に気づき……そのうえで追ってきて……さらに食べた。つまりは「気づく」「追う」そして「食べる」という3段階を経たと考えられます。釣りあげるという結果に至るまでには、かならずこの3つのバスの行動が必要なのです。

次に、バス本位の見方をしていきましょう。

右に挙げた3つの行動は、個体によって、状況によって、ルアーによって変わります。個体差については以前に説明しました（50ページ）。

状況の違いは、水温、水質、エサ、流れ、カバーの有無、時間帯などが含まれます。これによってバスのコンディションが変わります。「活性があるかどうか」とも言い換えられます。活発ならルアーの存在に気づきやすく、離れていても追ってくれて、なおかつ食べやすくなります。

もうひとつは、ルアーがバスに合っているかどうか。なかでも視覚や音、水の振動などによっ

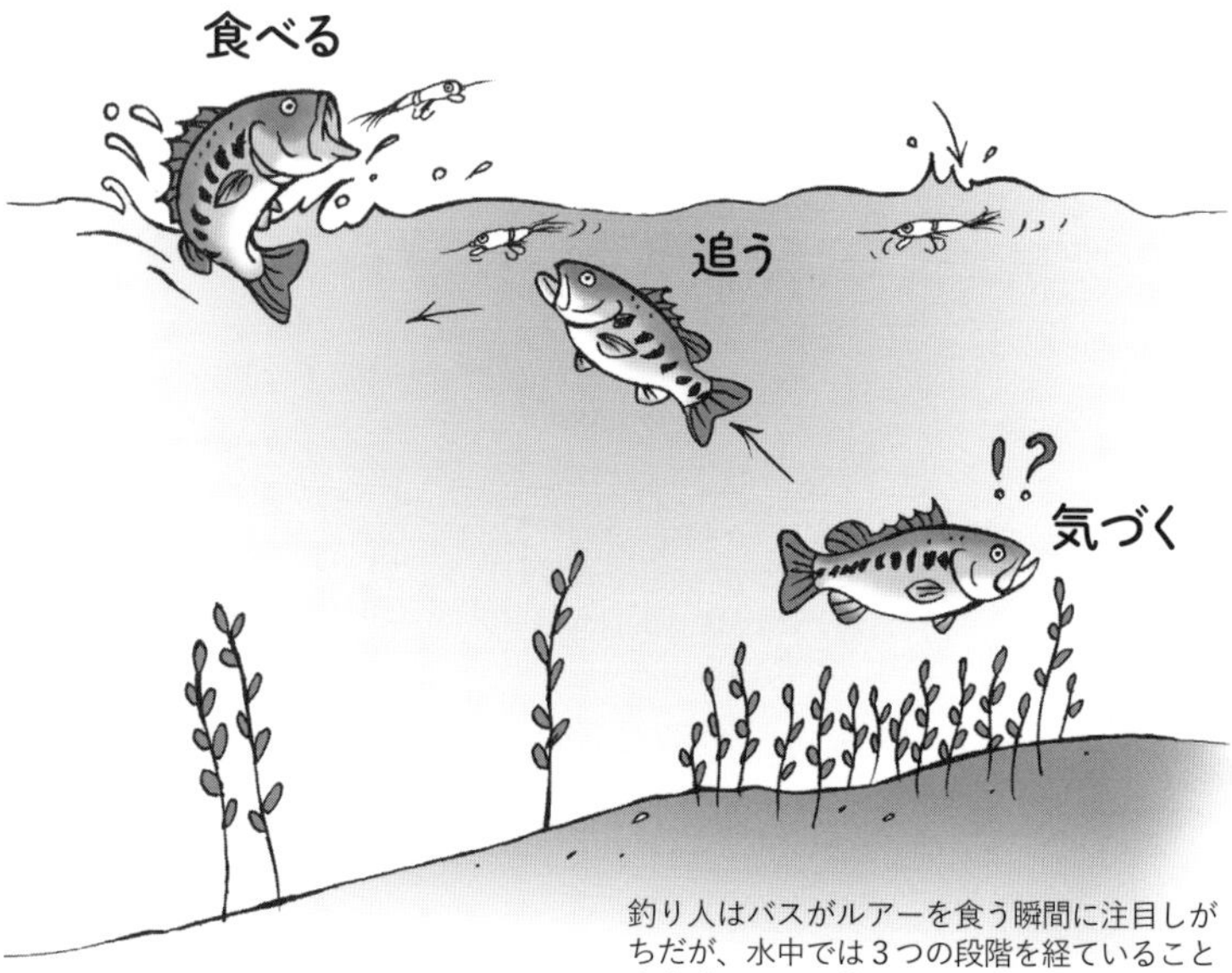

釣り人はバスがルアーを食う瞬間に注目しがちだが、水中では3つの段階を経ていることを意識しよう。釣れないときほど、どこかの段階でバスが行動をやめている可能性がある

て「ルアーの存在に気づくこと」が大前提です。距離が近ければ近いほど、ルアーの存在感が大きいほど気づきやすくなります。

バスがルアーに気づいたら、次の段階は「追う」です。これにはなにかしらの引き金になる要素が必要で、捕食や興味など、バスの行動を誘発するルアーの性質が求められます。もちろん、ルアーが「気づく」と「追う」を同時に引き起こしていることもよくあります。

存在感が小さくても距離が近ければ、気づいてそのまま行動を起こすきっかけになりうるし、距離が遠くても存在感が大きければ、追うことになります。ただし、長い距離を追うことのハードルはバスにとって高いはずです。

ここでの基本的な原理として、バスが「追う」という行動をとっているあいだは、「その引き金となったルアーの性質をできるだけ保つこと」が、追わせ続けるひとつの要因になります。

人間に置き換えてみましょう。注文したラーメンが、急にイチゴの香りに変わったら？　あるいは心地よく聴いていた音楽のなかに、突如異音が飛び込んできたら？　驚きや不安を感じて、食べたり聴き続けることを躊躇《ちゅうちょ》するのではないでしょうか。

そう考えると、興味を抱くような信号が消えたり変わったら、行動をやめるという判断をバスが下すのも合理的だといえます。体力を無駄に消耗し、危険に身を晒《さら》すことになるからです。

また、追っていく過程でも、ルアーの存在感はバスとの距離によって変化します。接近したときに違和感を覚えたり、興味に足りる刺激でなければ追うのをやめるでしょう。

なお、バスが追ってくる速度は、最初に受けた刺激の強さやバスのコンディションによっても変わります。つまりルアースピードは、バイトに至るまでの大きな要素です。遅すぎると見切られ、速すぎると追いつけません。

さて、バスがルアーに追いついて、最終的にお眼鏡にかなえば「食べる」という行動に至ります。じっくり見て判断することもあれば、追いかけてそのまま躊躇せず食べることもあります。

一般的にはバイトの瞬間だけに注視しがちで、その前段階の「気づく、追う」を意識するのは難しいかもしれません。それでもよく考えると、これら3つの行動はどれも「ルアーの特徴、およびバスとの距離」に深く関わっていることがわかります。つまり、3つの行動を引き起こすためには、「距離の違い」を加味しながら釣りをする必要があるのです。

最後に。例外として「気づく、追う、食べる」というプロセスを順番に踏まないルアーもあります。たとえば真冬のメタルジグ。気づく素振りもなければ追うこともしないのに、急に食べることがあります（ライブスコープを使うようになっていっそう実感しています）。これは寒くて3つの行動を起こしづらいコンディションゆえに、唯一残された捕食行動ともとれます。不規則さの極みともいえるルアーですから、それが冬のバスの状態に合っているのでしょう。

ハイシーズンにメタルジグであまり釣れないのは、その「不規則さ」がバスの状態に合っていないから。気づかせ、追わせることのできる範囲が狭すぎるルアーだからです。

ということは、ハイシーズンのどこかで「バスが気づきも追いもしない状況」を見つけることができれば……。メタルジグの斬新な使いどころが見いだせるかもしれません。

水中の情報と「連続性・不規則性」

ある情報に対峙したとき、人間はそれが自分にとってよいことか、悪いことかを判断基準に行動を決めます。よいことには望んで行動を起こし、悪いことは不快に感じて避けようとする。これは人間だけでなく、地球上の生物すべてに当てはまる行動原理だといわれています。

バスにとっては、水中の音や振動、視覚的な要素が行動を決めるための情報になります。エサの情報に対しては敏感な反応を示しますし、水鳥や釣り人などの存在はバスにとって脅威となり不快に感じるはずです。

人間であれば生活のなかで得られる情報はわかりやすく精査しやすいものですが、水中は視界も悪く、障害物もあれば流れや波などの雑音も多い環境です。かすかなわかりにくい情報をもとに、バスは行動を決めざるを得ません。しかも、行動にはスピードが要求されます。もたもたしていたらエサにありつけないし、危険も回避できません。

判断を迫られるなかで、バスが頼りにするのは情報の「特徴」と「正確さ」です。

特徴とは、それがエサなのか危険なのか、といった要素です。その情報が大きな音や振動であればわかりやすいでしょうし、時間的に長く継続するものも把握しやすい情報です。これらは、バスにとってより正確な情報だといえるでしょう。

情報が不正確だと把握しづらくなりますが、同時に疑念や興味を抱きやすくもなります。その情報の特徴によっては、瞬間的な行動を起こすこともあります（巨大なルアーが鼻先に落ちたのにボーッとしているバスは少ないはずです)。

この考え方をルアーに当てはめてみましょう。

連続したルアーの振動は、バスにとって捉えやすい情報です。特徴がわかりやすくて正確なので、「追う、見る」などの行動を継続しやすい存在だといえます。

一方で、ステイしていたルアーが急に動き出すような不規則さは、バスに興味を抱かせる働きを持ちます。しかし捉えづらかったり、そもそも気づかれない可能性も持ち合わせています。

ラインや釣り人の存在も、バスは同じように認識していると考えられます。急にラインを張ったり、釣り人が突然現われたら警戒することはいうまでもありません。

つまり、バスは多くの情報を「連続性・不規則性」をもとに認識している——。もちろんグラデーションはありますが、こんなふうに考えることで理解が進むはずです。

なお、これはバスを取り巻く環境についてもいえます。風ひとつない鏡のような止水域、あるいは安定した流れに身を置いているときは、バスも落ち着いて周囲を把握しやすくなります。

エレキのモーター音がいい例です。バスの近くで急にオンにすると逃げられますが、ペダルを踏み続けていれば、警戒はしても意外に平気だったりするものです。

まとめると、「連続した情報」に対しては、バスは好意的な印象を持つ。「不規則性が伴う情報」は警戒・興味・注意を促して、バスが行動を急に変える要因になる。

ルアーの選択はもとより、釣りに関わるさまざまな事象にこの考え方を当てはめることができます。

「連続性・不規則性」でルアーを理解する

続いてルアーのアクションについて考えます。ジャンルごとに分類するのが一般的ですが、ここでは私なりの視点で解説してみたいと思います。前段でも取り上げた「連続性・不規則性」という基準です。

ルアーには、アクションが時間軸のなかで連続するタイプもあれば、時間とともに変わるものもあります。前者はリップ付きのプラグ、ワイヤーベイト、チャターベイト、I字形ルアーなどが含まれます。後者はワーム、ラバージグ、トップウォーターなどが多いです（釣り人の意図や操作によっても変わります）。

この2系統のアクションには、どのような性格の差があるのでしょうか。一般的には前者が横の釣り、後者は点の釣りなどと区別されますが、もう少し突っ込んで考えてみましょう。

《アクションが連続するタイプのルアー》

ここに属するルアーは、同一時間あたりの移動距離が大きくなるのが特徴です。当たり前ですが、連続で動かすには連続した水流を与えなければいけません。結果的に、ルアーのスピードも速くなりがちです。

また、アクションが連続するのに加えて「横方向に動くこと」も、このタイプの多くが併せ持つ特徴です。クランクベイトなどはわかりやすい例です。

連続した動きの長所のひとつは、ワンキャストのなかでより長いあいだ継続してバスに訴えかけてくれる、という点です。離れた距離にいるバスであってもルアーを見失わず、追いかけやすくなります。言い換えれば、アクションが連続するという要素はバスにとって「追い続けるに足る理由のひとつ」になりえるわけです。

また、横に動くことで存在感をもたらす範囲が広がり、効率的に多くのバスに訴えることができます。すべてのバスを追わせるのは難しいですが、ルアーの存在がちょうどよい刺激であれば多くのバスを反応させ、チャンスを増やしてくれます。

「巻きもの」と呼ばれるタイプのルアーが、離れた位置のバスを効率よく誘ってくれるのは、このような性格によるものです（もちろんアクションの連続性がアダとなって刺激が強すぎたり、ルアーとの距離が近いと反応しないバスがいることも忘れてはいけません）。

では、「アクションが連続するルアー」でよく釣れるのは、どういう状況でしょうか。

ある程度バスが動けるコンディションで、反応もよい。しかし狭い範囲に集まっておらず、散っているか、もしくはルアーが離れていても追ってくれる。そんな推測ができます。

こうした状況であればルアーへの許容範囲も広いと考えられるので、より存在感の強いルアーに変えてみると、バイトの確率がグンと上がる可能性があります。「秋は巻きもの」と言われるのは、こうした理由で能率的な釣りができるからでしょう。実際には秋だけでなく、程度の差こそあれ、すべての季節で同じことが起こりえます。

ところで、連続した動きを持つクランクベイトのようなハードルアーだけにこのような特徴があるのかというと、そうではありません。ダウンショットリグであっても原理原則は同じです。これを一定のリズムでシェイクすれば「アクションが連続するルアー」に分類できます。

もちろん存在感は弱く、気づかせることのできる距離は短い。だけれども、コンディションによらず違和感を与えにくいアクションで、バスとの距離が縮まっても見破られづらい。だから結果的に食べさせやすくなる。巻きものとの共通点がありながらも、これはライトリグのイメージとなんらかけ離れたものではないはずです。

一定のスピードでのワームのズル引きがよく釣れるのも、同じ理由だと考えられます。ボトムというレンジをルアーが一定のスピードで進むことによって、より遠くのバスをも引きつけ、バイトの機会を増やす。高い食わせ能力を持ちながら、サーチ能力を最大限発揮できるわけです。

連続したアクションを得意とするルアーのコツは、一定のスピードで一定の強さのアクションを保ち続けることのみ。いったん反応したバスの興味を逸《そ》らさないように集中するだけです。

《アクションが不規則なタイプのルアー》

では、動きが連続していないルアーは、どんな性格を持っているのでしょうか（ここでは「連続していない＝不規則」と定義しておきます）。

不規則にもいろんなパターンがあります。同じペンシルベイトでも、途中でポーズを入れる間隔が長ければ長いほど、不規則の度合いが高まります。

アクションに激しい緩急をつけるのも「不規則」です。強いロッドワークを混ぜるとき、それ以外のアクションとの差が大きければ大きいほど、不規則度が増します。そして、不規則になればなるほど能率が下がるのも、このタイプの特徴です。

ルアーの軌道が「不規則」なルアーもあります。フォールさせて着底するのも、動きが変化するので「不規則」です。プラグを浮かせるのも、ボトムに当たって方向を変えるのも同じです。

そして、大事なのはここからです。

「アクションが不規則なルアー」はいつ必要か、そしてなぜ必要なのか？

まず考えられるのは、連続したアクションだけではバスを反応させられないタイミングです。これには91ページで挙げたバスの3つの行動「気づく、追う、食べる」が関わってきます。

それぞれの局面で、連続した動きだけでは反応が弱かったり、追うのをやめてしまったり、躊躇するときのカンフル剤が「不規則」。なかば強制的に反応させるための手段なのです。

例を挙げると、なるべく存在感が弱いものでなければ「食べる」という行動に出ないけれど、それだけでは「気づかせて」「追わせる」ことが難しい場合。冷え込んだときのシャッドの使い方はこれに当てはまります。泳ぎの存在感は弱いけれど、トゥイッチやボトムタッチという「不規則」を加えることで、デメリットを補うことができるわけです。

また、連続したアクションを出せるルアーのなかでも、沈むという特性を生かして「不規則」を演出できるルアーもあります。代表格はスピナーベイトのスローロール。ボトムの起伏に合わせて軌道を変えたり、その際にブレードが不規則に回るといった性格は、強すぎない存在感と相まって、タフな状況にハマるルアーの筆頭です。

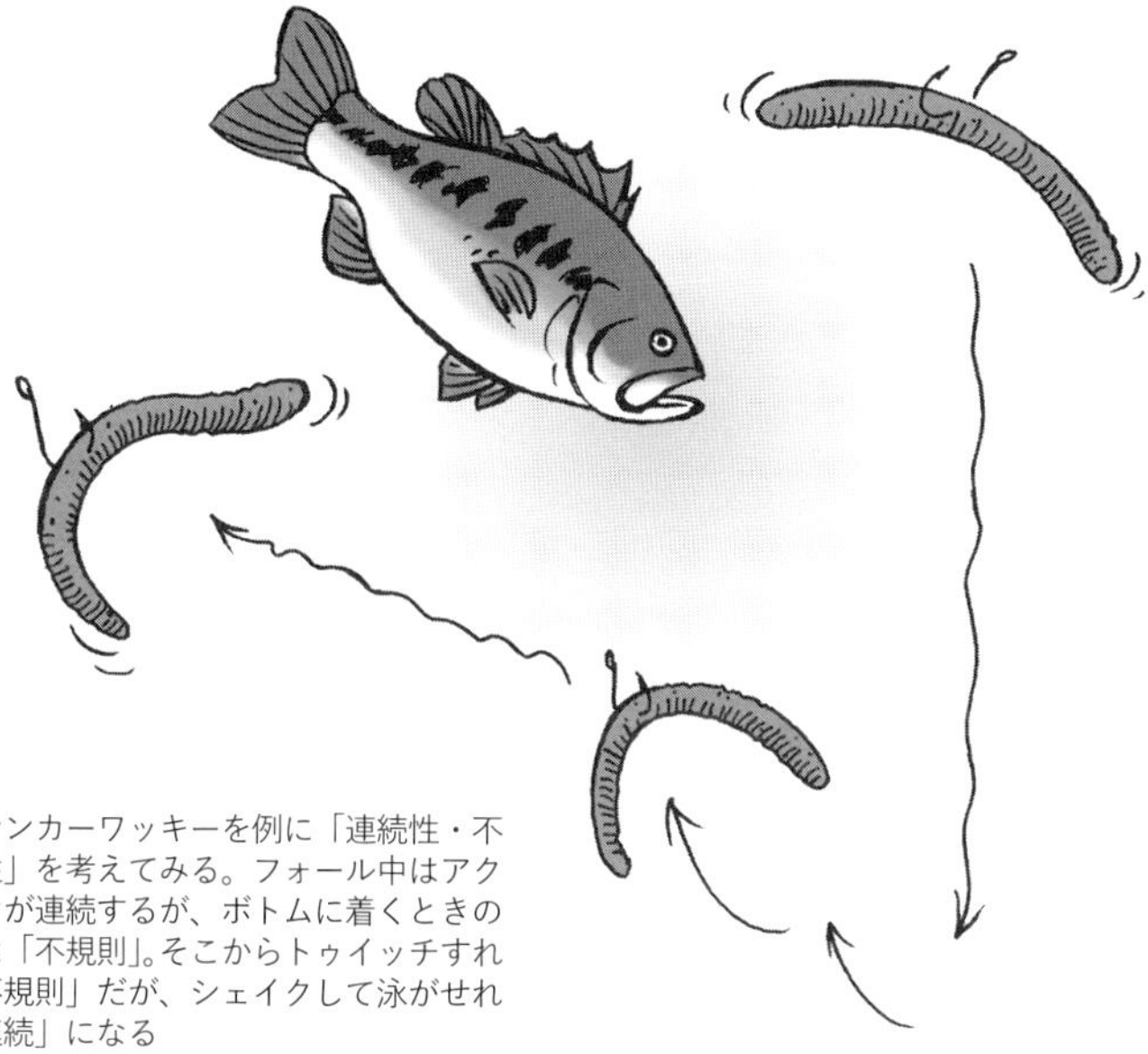

ノーシンカーワッキーを例に「連続性・不規則性」を考えてみる。フォール中はアクションが連続するが、ボトムに着くときの変化は「不規則」。そこからトゥイッチすれば「不規則」だが、シェイクして泳がせれば「連続」になる

折金一樹プロデュースの「オーバーリアル63ウエイク」。ただ巻きでは連続性、トゥイッチなどで不規則性が演出できるタイプのルアーだ

これとは逆に、ハイシーズンのフィーディングスポットでミノーを追ってくるが、なかなかバイトに至らない場合。思わずバスの鼻先で激しくジャークさせたり、エイトトラップを仕掛けたり。これは「食べる」という行動を誘発するために「不規則」を活用するケースといえます。

さらに極端な例として、真夏のハイプレッシャーなバックウォーターをイメージしてみてください。クリアで浅くてバスが見えるので、「気づかせる」「追わせる」といった要素は釣り人側のアプローチで補えます。となれば、究極的に「食べさせること」に特化したルアーが釣れるはず。サイトフィッシングで使われる特殊なルアーが、いくつか思い浮かぶのではないでしょうか？

なお、バスの状態だけではなく、環境によっても「連続性・不規則性」を調節すると効果的です。たとえば水が濁っているとき。ルアーを急に強く動かして止める、といった操作をすることがあります。発見が遅れがちなバスに気づかせやすく、なおかつ追いつく間を与える、という動作を「不規則」のなかに込めた使い方です。

さらには連続性と不規則性、両方の性格を押さえたルアーもあります。ワームのさまざまなリグがここに当てはまるでしょう。一定のスピードでのフォール、着底、そしてロッドワークによるアクションなどは、不規則でありながら連続している瞬間もあり、さまざまなタイプのバスを反応させます。だからこそ、ワームは幅広い状況に対応力のあるルアージャンルなのです。

よく釣れるとされる定番ワームの特性を思い返したとき、「連続性・不規則性」を併せ持ったアイテムが多いのも、これを考えると頷けるはずです。

ハードルアーの分類と能率

能率的なルアーを選択するには、それぞれの能力・個性・適性を客観的かつ正確に理解し、ふさわしい状況や場所で使い分けることが必要です。ジャンルごとにどのような特徴があるかを大まかに把握するため、まずは目安になる「6つの項目」について解説します。

①存在感

ルアーによる平均的な大きさやボリューム、バスから見た存在感の違いをまとめた項目です。「アクションを考慮に入れない状態でのバスからの気づきやすさ」ともいえます。最終的にはアクションとセットで考える必要がありますが、いったん別物として整理します。

②連続性

アクションのパターンが連続的かどうか、そしてどのような性格か、を示す項目です。連続性が高いほど広範囲のバスを長く誘い続ける効果があり、誘いもシンプルになってルアーの能率も上がる傾向があります。

③不規則性

連続性とは真逆の要素です。多くのルアーがこの性格を持ちますが（連続性を兼ね備える場合もある）、どのような不規則性があるか、どんな場面で有効かを示します。

④アクションの強さ

そのジャンルの平均的なアクションの強さが、ほかのジャンルに比べてどの程度の位置づけかを考えます。これが強いほど、バスから気づかれやすくなります。

⑤スピード・軌道

そのジャンルのルアーが、もっとも能力を発揮するリトリーブスピードを示します。スピードが速いほど能率も高くなります。「軌道」は、ルアーが水中でどのようなコースを通るのかについての項目です。基本的には軌道がまっすぐなほど能率のよいルアーです。

⑥スナッグレス性能・フッキング性能

カバーや障害物に引っ掛かりやすいかどうか、それを回避する特別な機能があるかどうか。引っ掛かりにくければ釣りの能率が高まります。フッキング性能と反比例するのも特徴です。

《ペンシルベイト》

①ルアーによってボリュームが大きく変わるので、大きく調整が可能。短くスリムなものはバスからもかなり発見しにくい反面、食わせやすいのも特徴。大きなサイズであればビッグベイトに匹敵するような存在感が出せる。

②代名詞ともいえるドッグウォークなどはかなり連続性が高い。水面に残る波紋も連続性を際立たせる効果がある。

③ランダムに動かすこともたやすいので、これを利用してステイを混じえる効果は大きい。アクションの連続性との相乗効果によって「不規則性」をより際立たせる効果がある。ドッグウォー

クのスピードを落とし、スケーティングアクションをさせると、左右のアクションの幅の広さや方向に緩急がついて不規則性が増す。

④トップウォーターのなかでは中間的な強さ。アクションの質はボディーの大きさによって変わらないので、強さも大きさに比例する。

⑤連続性の高さゆえ、効果的なスピードの範囲は中間から少し速め。調整の幅は広いので守備範囲は広い。ワンアクションごとの動きは直線的でありながら、頭の向きをテンポよく変えるのが得意なので、リップ付きのプラグに近い質の軌道を持つ。

⑥頭が尖ったものが多く、フックの前に遮るパーツなどがないので、特に引っ掛かりやすいジャンル。フッキング性能はトップウォーターのなかではかなり優秀。

《ポッパー》

①カップ形状を有することで、長さに比べてボディーが太いものが多い。テールにフェザーフックがついているものが多く、存在感はやや強い印象。

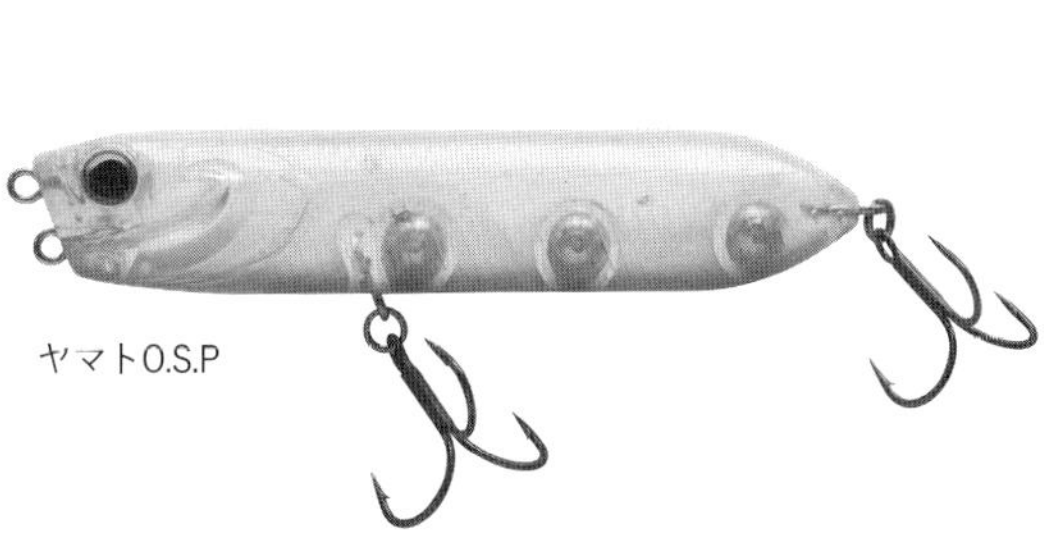

ヤマトO.S.P

②連続的なポップ音を出したり、細かな首振りをさせる場合は連続性が高まる。あるいは止めておくだけでも「連続」といえる。水面を利用した存在感のちょうどよさ、フェザーの効果で止めておくだけとはいえ、この能力も高い。
③動かしたときの飛沫やポップ音と、止めておく状態の落差が大きく、不規則性はかなり高い。コンディションのよくないバスを時間を掛けて呼ぶことができるのは長所。
④ポップ音を除き、ボディー自体のアクションはやや控えめ。
⑤スピードは遅めから中程度まで。カップ形状による水の抵抗が大きくて移動距離が短いのが特徴で、速く動かすには向かない。軌道は直線的。
⑥引っ掛かりやすい部類ではあるが、カップ形状で障害物を避けることもできる。ポップ音を出すためにそれを支えるある程度のウェイトが必要で、浮力が高くなりすぎずバスが吸い込みやすい。比較的コンパクトなのでフッキング率はよい。

《ノイジー》

①さまざまな機能を有するパーツやその動きを支える形状から、

ラウダー70

ボディーは大きいものが多く、存在感は高め。
②NOISYというだけあって特定のアクションや音を連続的に出すことに長けたタイプが多い。特に、遠くからバスを呼ぶ能力は高い。
③連続性の高さから「止める」という操作の効果はときに大きくなる。のみならず、このジャンルが持つ異質なアピール力はルアー全体のなかで見ればかなり「不規則」。
④強いものから弱いものまでタイプによってさまざま。視覚的なアクションの違いや水面の波紋などによっても特徴が分かれるルアー。
⑤ルアーのタイプや機能する仕掛けによって差があるが、ある程度スローなものがスタンダード。ただし、スピードを上げることで時としてバスが激しい反応を示すこともある。軌道は極めて直線的。デッドスローであってもまっすぐ移動することがバスからの気づかれやすさに貢献している。
⑥形状やパーツで障害物を回避することもあるが、そのせいで逆に引っ掛かることも多くて不安定。大きなパーツが付属するものはファイト中の抵抗が大きくなってバレやすい。

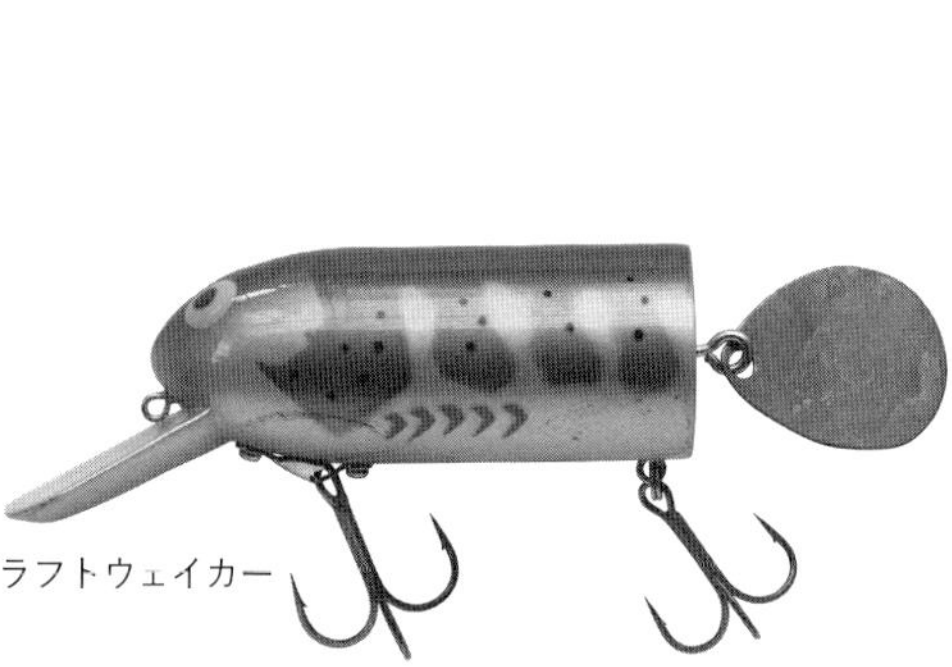

ドラフトウェイカー

《ウェイクベイト・サーフェイスクランク》

①ボディーサイズやシェイプによりけり。丸型でクランクの延長線上にあるものは存在感が強め、細長いミノーシェイプなら存在感は弱め。
②トップウォーターでありながらリップがついているので連続性はとても高い。
③水を受けやすい立ったリップによってアクションレスポンスは高い反面、不規則性は少ない。
④トップウォーターのなかではボディーサイズのわりに高め。アクションは大きくないが、細かいながら強く押すイメージ。
⑤クランクタイプはスピードが速め、ミノータイプは遅め。軌道はかなり直線的。ルアーによっては少し潜らせて使うこともできる。
⑥ほかのトップウォータープラグと比べると、リップによる回避性能をある程度もつ。フッキングのよさは普通。

オーバーリアル63ウエイク

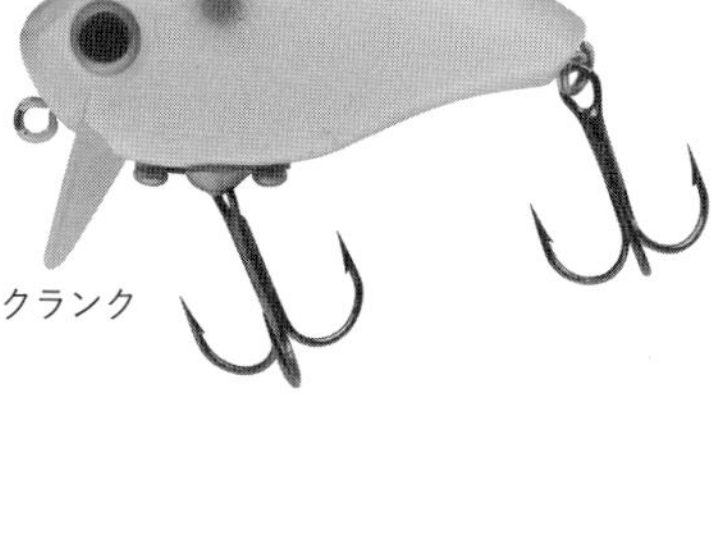

バジンクランク

《スイッシャー》

①細めのタイプが多く、やや弱め。
②ペラが回ることによって連続性を保ち続ける。
③ただ巻き以外のアクションはさせづらい。しかし断続的に強く引っぱって飛沫や音を出す使い方もある。
④シングルスイッシャーなら首振りも可能だが、基本的には水を押す力が弱め。
⑤スピードは遅めから中速程度。軌道は極めてまっすぐ。
⑥細身のルアーであるため比較的よい。

《虫ルアー》

①トップウォーターのなかでは最弱。浮いているだけのか弱い存在感が、ときに強烈にバスに訴えかける要素となる。
②羽根のついたプラグ系であれば連続した動きも出せるが、ワームやハイブリッドなマテリアルなら細かい波紋を立てる程度。
③まったく動かない状態から細かく動かしたり、波紋を出したりする不規則性は秀逸。

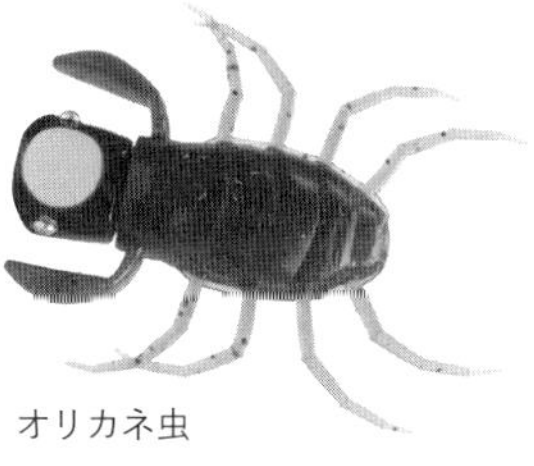

オリカネ虫

ダイイングフラッター

④かなり弱めで、大きくボディーを動かすようなことはない。小さなパーツがわずかに動く程度。
⑤スピードは遅め、静止状態も得意。巻いて使うプラグ系は別だが、軌道と呼べるほどの性質は持たない。一方で、流れや風の影響を受けやすいので意図せずに移動することもある。
⑥タイプによってバラバラで性能差が大きい。ただし軽量なのでほかと比べて引っ掛かりにくい傾向はある。

《バズベイト》

①飛沫が派手な印象を与えるが、ルアー自体の存在感は弱め。ルアーの後方にアタックすることが多いのはそれが理由。トレーラーワームをつけてバイトマーカーにすることさえある。
②ペラが回転することによる音・波・飛沫は連続性そのもの。止めるという操作をしないルアーの筆頭で、たいへん強い連続性を持つ。釣りの能率も高い。
③ルアー自体を不規則に操作することは少ないが、リトリーブ中に物に当ててやると、本来の連続性の強さと相まって強烈な不規則性が生じる。

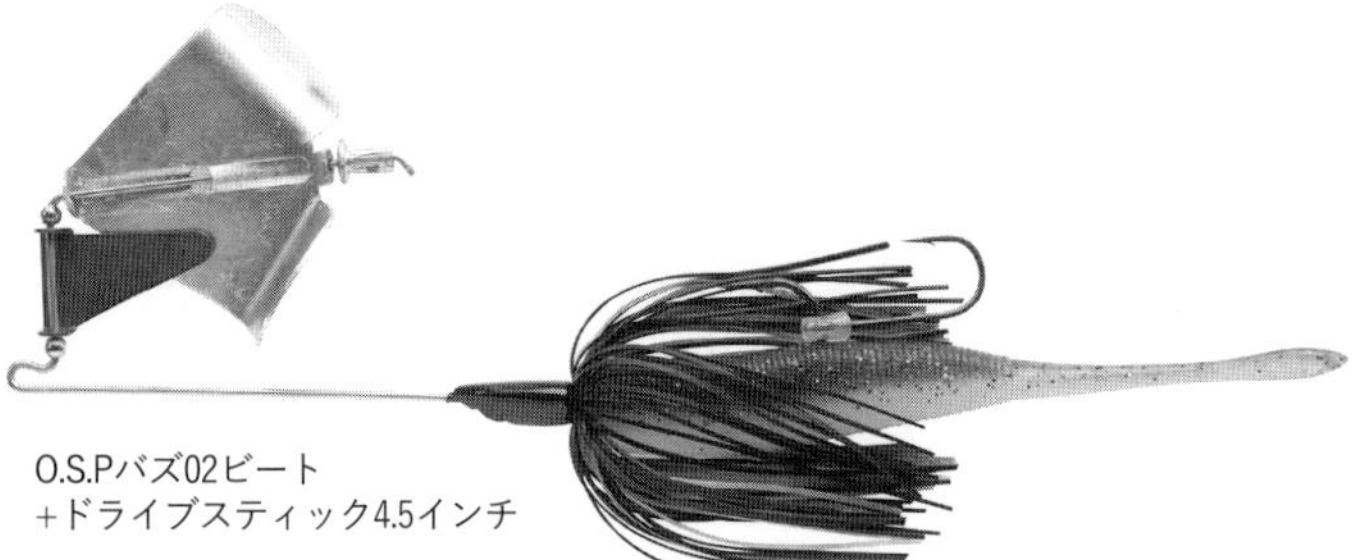

O.S.Pバズ02ビート
＋ドライブスティック4.5インチ

④ペラの回転やスカートの動きは単調だが、音・飛沫・波の強い効果でバスに訴えかける。
⑤バスが追いつける状態なら、速めに使ってこそ本来の能力を引き出せる。軌道は水面を極めて直線的に引ける。
⑥ワイヤー部がガードの役目を果たすので引っ掛かりづらい。フッキングも比較的よい。

《フロッグ》

①トップウォーターのなかでは中くらいの存在感。ただし素材が柔らかいため、同サイズのプラスチック製ルアーとは違った反応をバスが示すこともある。
②タイプによって大きく異なる。ポッパータイプやペンシルタイプなど、ほかのトップウォータージャンルになぞって考えられる。ボディーとは異素材のパーツがついたものも多い。
③種類にもよるが、障害物を利用して不規則性を際立たせる演出ができる。
④強さはタイプによる。ポッパータイプならプラスチック製ほどレスポンスの高いアクションは期待できないが、カバー際を攻め

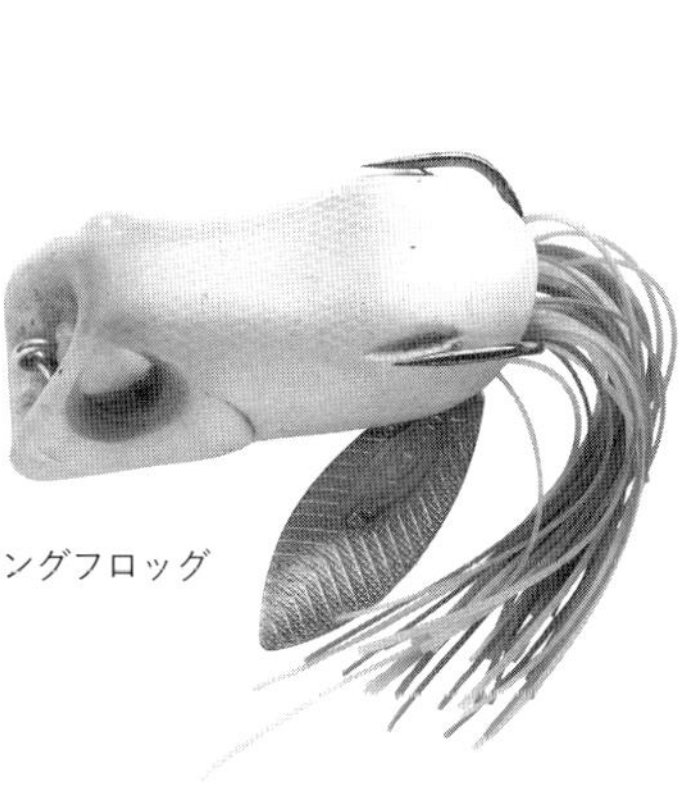

ダイビングフロッグ

られる特性はその差を打ち消すほどの強みになる。
⑤スローにも、スピーディーに引くことも可能。障害物に絡めればバスが反応するルアースピードの許容範囲が広がる傾向にある。水面であれば障害物を越えて釣り人の見えない場所までアプローチが可能。
⑥スナッグレス性能はルアー界最強クラス。フッキング性能を補うためにPEラインの専用タックルが望ましい。

《I字系ルアー》

①細長く、水を受けづらいのが特徴。極めて弱い存在感。
②振動や回転などの動きを終始しないため連続性が高い。
③動きのバリエーションはなく、不規則性はほぼない。
④極めて弱い。
⑤極めて遅い。一定のスピードを保ち、軌道を変えずに一定のレンジをキープすることが必要。
⑥ボディーにはパーツや突起がないのが特徴なので引っ掛かりやすい。

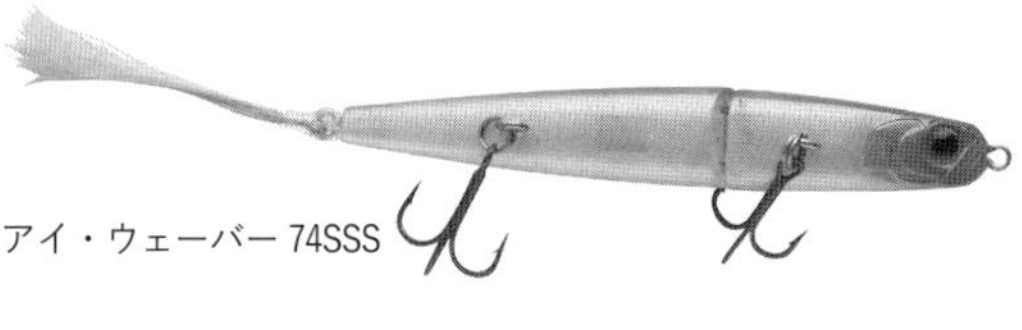
アイ・ウェーバー 74SSS

《ミノー・ジャークベイト》

①細長いスリムなタイプで存在感はおおむね低いが、サイズによっても変わる。
②ほかのプラグに比べてピッチはおとなしめだが、連続性は高い。
③リップやボディー形状を生かして、止めたり急に動かしたときに緩急の幅が大きく、不規則性を高めることができる。このときのフラッシングも不規則性を増すスパイスとなる。
④やや弱め。
⑤静止状態からかなりのハイスピードまで、許容範囲は広い。軌道は緩やかな弧を描くのでバスを長く誘える。
⑥ボディーが細長く、小さいリップから遠い位置にフックがあるため引っ掛かりやすい。逆にフッキング性能は高い。

《シャッド》

①ボディーサイズに対してリップが大きめ。プラグのなかでは存在感はかなり低い。
②ただ巻きであれば、一定の連続性を持つ。

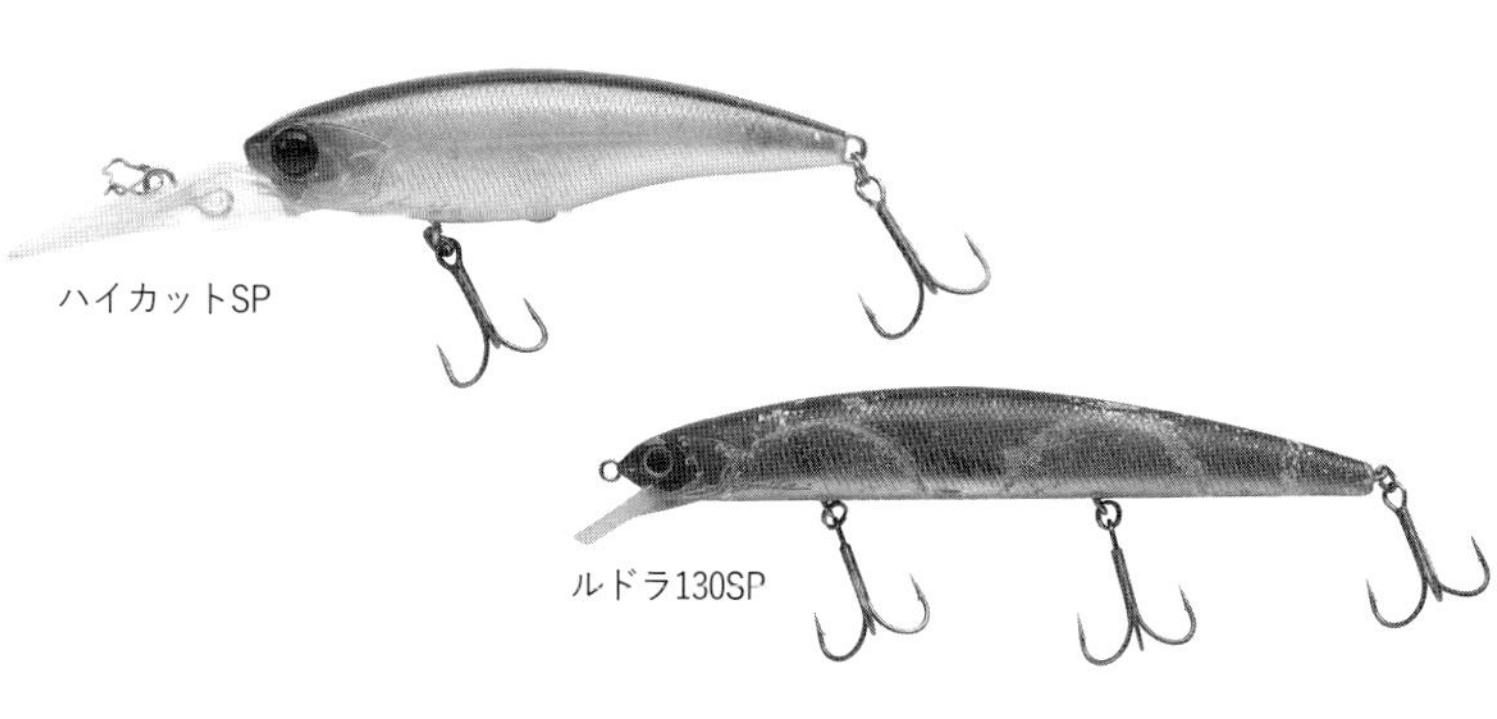

ハイカットSP

ルドラ130SP

③ボディー形状やリップの大きさから、バランスを崩しやすく不規則性は高い。スピードに緩急をつけてもバスを反応させやすい。
④ボディーの小さいものが主流で、浮力も弱く、動きもタイトなものが多い。
⑤静止状態から高速まで対応スピードは広い。潜行能力によって軌道は大きく異なる。
⑥バランスを崩しやすく、引っ掛かりやすい。フッキング性能は普通。

《クランクベイト》

①全長のわりに太めのボディーが特徴。存在感は大きい。
②ボディー形状や大きめのリップなど、連続性を高める特徴が強い。
③同一ルアー内での動きのバリエーションは少ない。ただしなにかに当たったときの不規則性は、普段の連続性の高さから際立ったものになる。
④同サイズのなかで比べれば、かなり強い部類。大きく水を撹拌《かくはん》する。

ブリッツEX-DR

⑤やや速めが得意。レンジはルアーによって大きく異なる。
⑥大きなリップ、浮力の高さ、コンパクトなボディーにより回避性能は高い。フッキング性能は普通。

《バイブレーション》

①体高や長さはある一方、ボディーの薄さが特徴的。存在感は普通。
②ただ巻きでの連続性は高い。
③シンキングタイプはフォールさせることができ、スピードや操作方法のバリエーションも多いので不規則性を高めやすい。
④細かいピッチでアクション自体は少し弱め。
⑤スピードは普通〜速め。沈める深さやリトリーブスピードで軌道は調整可能。
⑥ボディーが薄くてリップがないのにもかかわらず、見た目より回避性は高い。フッキング性能は普通。

《スピナーベイト》

①横からの見た目はボリュームがあるが、幅のない薄いものであることを考えると存在感が大きいとはいえない。

T.D.バイブレーション

②ブレードの回転およびヘッドやスカートの動きは連続性が高い。
③ボトムや障害物に当たる際には動きのあるパーツが大きく変化する。不規則性は非常に高い。
④やや弱め。ブレードのタイプや全体のバランスでも変わる。
⑤適応可能なスピード域が広い。リトリーブ速度を上げると浮き、遅くすると沈むのは特筆すべき性質。巻きモノの部類でありながら、ゆっくりボトムを引けるのも特徴的。
⑥ワイヤーが先に障害物に当たるので回避性能は高い。

《ブレーデッドジグ・チャター》

①異なるマテリアルの集合体でボリュームもある。存在感は中間か少し強め。
②連続性は高い。前方のブレードが水を受けることで全体が振動する。
③動きが破綻したときなどに少しだけ不規則になるものの、基本的には不規則性でのメリットを得づらいルアー。
④ブレードが水をかき分ける圧力は、はっきりとしたピッチでかなり強め。ルアー全体での動きも強め。

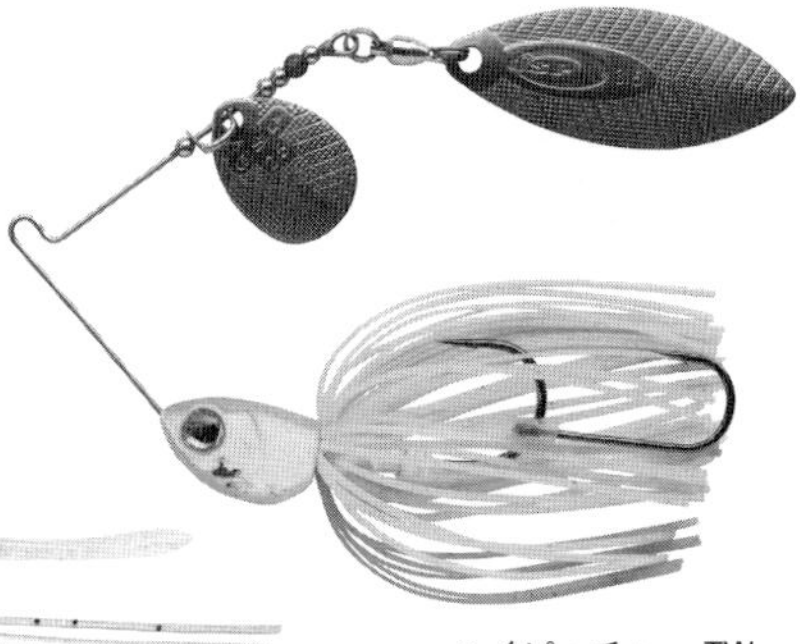

ハイピッチャー TW

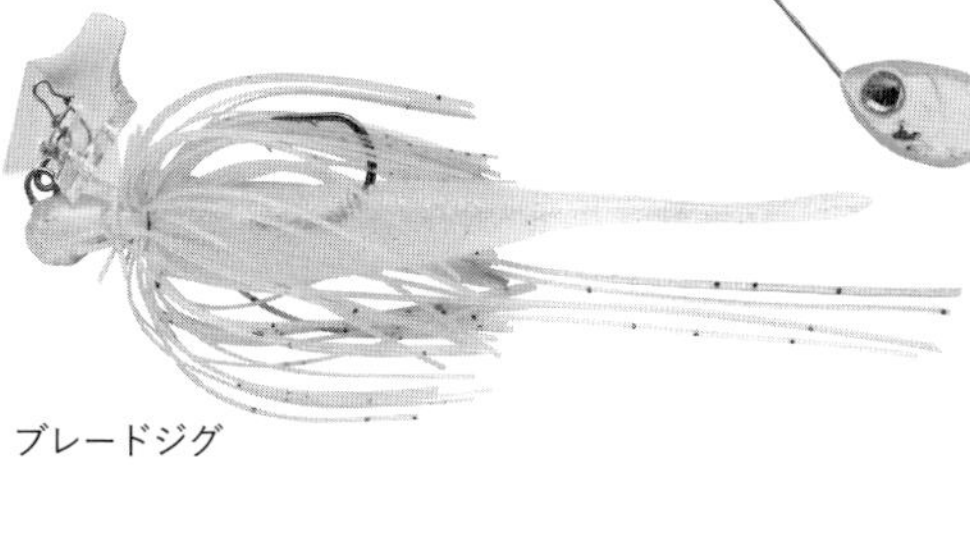

ブレードジグ

⑤スピードは速め。一定の速度、軌道を保つことが大切。
⑥大きく姿勢が変わるとスタックしやすい。スピナーベイトよりは引っ掛かる印象。フッキング性能は比較的よい。

《メタル系ルアー》

①小さい金属の塊で体積は小さく、存在感は薄い。
②ブレードが装着されたスピンテールタイプ以外は、連続性が低い。
③アクションの質やスピードの緩急から、特に不規則性の高いルアーである。
④ロッドワークやフォールでボディーの向きを激しく変えるもの、イレギュラーに動くものが多い。アクションは弱め。
⑤スピードの速さと軌道の変化が持ち味。レンジに関わらず使用できて守備範囲は広い。
⑥ボディーサイズのわりにフックが大きいものが多く、浮力はなくて速く沈むことから引っ掛かりやすい。しかし自重を利用して外すのも難しくない。バスの口に入りにくく、自重もあるのでバラしやすさは筆頭格のルアーである。

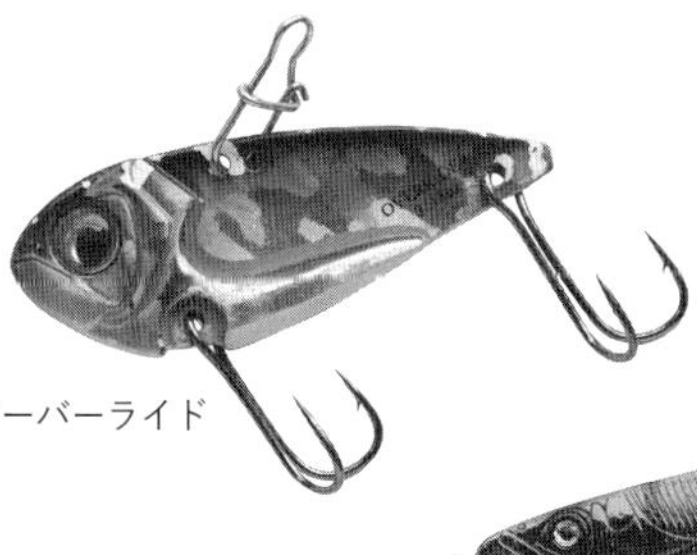
オーバーライド

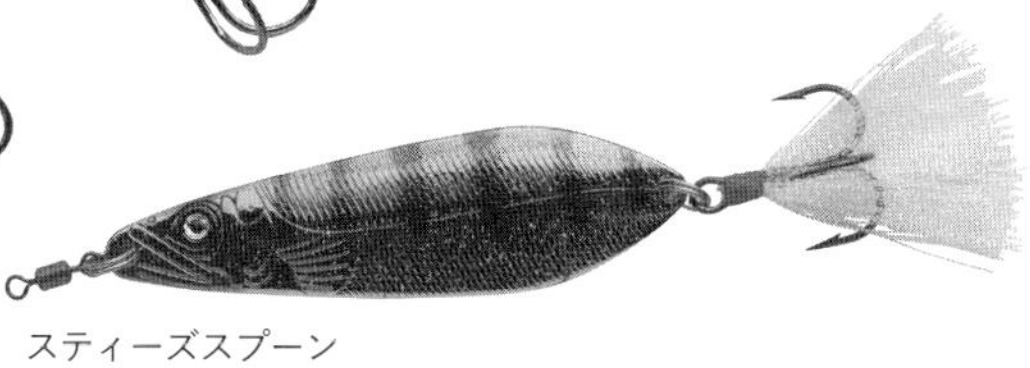
スティーズスプーン

《ビッグベイト》

①名称どおりのルアーサイズで、そのほかの性能を圧倒する存在感。

②リップ付きのものは連続性が高い。また静止状態でもサイズによる存在感を出し続けるので、連続性が高いといえる。

③リップのないタイプは不規則性に長けたものが多い。リップ付きでも、緩急の幅がたいへん大きく不規則性は高くなる。なおS字系は連続・不規則どちらも可能。

④ボディーサイズに比例して強くなる。激しくはアクションしないがリップ付きならより強く、リップがなければ弱くなる傾向。

⑤大きさゆえスピードは遅め〜普通〜中程度。高速で引いて釣れることは希。

⑥タイプによるが大きなフックが付属するものは引っ掛かりやすい。自重によってフッキングパワーが伝わりにくく、掛けてもバラシは多くなる。

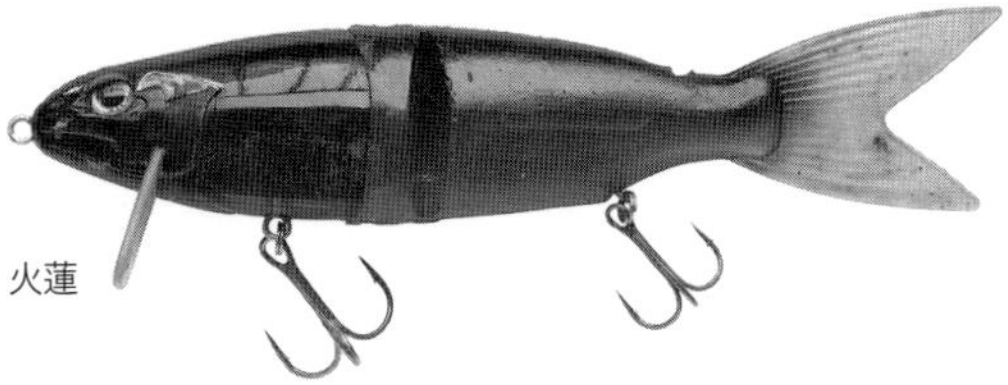

火蓮

ワームと各リグの能率

釣れなくなるとワームに手が伸びがちですが、すべての状況で最大の能率を上げられるかというと、そうではありません。ハードルアーの能率には遠くおよばないことも多いからです。

もちろんその逆もしかり。ワームならではの特徴を最大限に生かせば、バス釣り全体の能率を押し上げることに繋がります。

ハードルアーの場合、いったん選んでしまえば、多少の選択肢は残るものの使い方は絞られます。あとは諦《あきら》めずに投げ続けるだけです。

しかしワームで釣りたければ、選んで投げるだけでは不充分です。「どう操作するか」を考えることが、大きなウエイトを占めます。だからこそ個々のワームの能力や個性を理解して、各種リグとの適性を知ることが必要なのです。

たとえば、ダウンショットリグにふさわしいワームをジグヘッドで使ったりもしますが、同じ形状でもリグによって性格が一変します。ワームのリグや使い方はそのくらい自由度が高いといえます。

多くのワームはハードルアーのような浮力を持ち合わせていないので、シンカーを付ければどんどん沈んでいきます。全方向、全水深にワームを泳がせることが可能です。そう考えると難しく感じる反面、可能性も感じます。また、すべてのワームに一様に可能性があるわけではないことも察しがつきます。

ワームゆえに柔らかいことのメリットは大きく、どんな状態であってもバスが気づき、追ってきて、食べる可能性があります。たやすく釣れてしまうこともある反面、ハードルアーに比べるとねらいがぼやけてしまうのも事実です。

さて、まずはハードルアーと同様に、いくつかの項目に分けて考えていきます。ただし「存在感」については、個々の形状やサイズによっても変わるため、ジャンルごとに解説するのは避けました。

止めていても釣れることがあるワームの性能を考えると、「存在感」だけでも大きな特徴と捉える必要があります。さらに動きを加えたときには性能差が生まれる要素です。

「存在感」を表わす客観的な数値はありませんが、体積と同じとすればわかりやすいです。実際に計測するのは困難なので、おおよそのイメージとして、上から見た面積＝存在感、でよいと思います。なお、ワームの厚みは2インチと5インチを比べてもせいぜい倍くらいなので、厳密に考えなくてもよいでしょう。

①連続性

釣り人の操作によって変わる要素です。一定のリズムでロッドワークを加えるか、リールを一定のスピードで巻けば連続性は高まります。ただし、使うワームやリグは、水を受ける面を大きく変えない形状が理想です。そうでなければ連続性は薄れていきます。

ワームに付いているパーツも連続性に大きく影響します。シャッドテールワームのテール部分など、水の抵抗を受けて一定の動きを反復するものであれば、ルアーとしての連続性は向上します。スピナーベイトのブレードと同じような動きです。

これとは別に、ロッドやリールの操作によらない「連続性」もあります。つまりワームが勝手に動くフォールです。同じアクションを繰り返しながら落ちていくタイプであれば、連続性が高いといえるでしょう。

このようなワームの「連続性」を生かした使い方がバスを反応させるのであれば、能率のよい釣りができます。

②不規則性

ワームが得意な分野です。「止める、急に動かす」などと意識しなくても、連続して動かしていない場合はたいてい「不規則」になっているはずです。

ワンアクションごとに異なる動きをするタイプ、もしくは動きの幅が大きければ大きいほど不規則性が増します。

バスとルアーの距離が近い場合や、なにかしらの原因でバスが反応しないときに「不規則性」が有効になってきます。

③アクションの強さ

ワームの全長に対しての曲がりやすさ、パーツの有無でアクションの強さは変わります。機敏に曲がるもの、動くパーツが多いものほどアクションは強くなります。そして案外、アクションが強いワームは限られるものです。

ただし、ここにワームのボリューム（≒存在感）を加味すると、バスに訴える力は変わります。アクションは弱くともボリュームのあるワームであれば、バスに訴える力がとても強くなることは経験からも感じます。

④スピード・軌道

この部分の自由度が高いのもハードルアーとは異なる点です。ハードルアーに比べて抵抗が少なく、容易に動かせるので、ハイスピードからデッドスローまで許容しやすいからです。不規則性が高く、おおむねアクションが弱いことから、水深やロケーションに応じてスピードや軌道をコントロールしなくても、それなりに反応させてしまうのがワームの特徴です。

⑤スナッグレス性能・フッキング性能

リグを使い分けることで、スナッグレス性能やフッキング性能を加減できるのもワームの大きな特徴です。

ハードルアーの項目ではジャンル別の解説を行ないましたが、ワームごとの能率を規定するのはおもに「リグ」です。同一のリグでも合わせるワームによって少なからず性質が変わってきますが、ここではひとまとめにして考えていきます。

《ノーシンカーリグ・ノーシンカーワッキー》

①シンカーを使わないので、連続性の度合いはワームしだいです。連続性の高いタイプにはふたつの操作方法が当てはまります。

ひとつめは一定のスピードで引くこと。シャッドテールを表層~中層で引く方法や、ミノーシェイプのワームのI字系が代表的です。

ふたつめは、一定のリズムでのロッドワークです。ワッキーセッティングの表層ピクピク、ホバスト、ストレートワームの中層でのワッキーアクションなどがあります。

操作しない状態も「連続」と考えるなら、ストレートワームや高比重ワームのフォーリング、ワームの放置もここに含まれます。

②ミノーシェイプやスティックベイトのトゥイッチなどは不規則性を生かした使い方です。また、そのほかのワームでも、サイトフィッシングで瞬発的に動かしたりするのは意図的で効果の高い「不規則性」の活用法です。

③フックのセット方法によって分かれます。ワームのタイプにもよりますが、アイの位置がワームの先端に来る通常のオフセット

ドライブシャッド4.5インチ

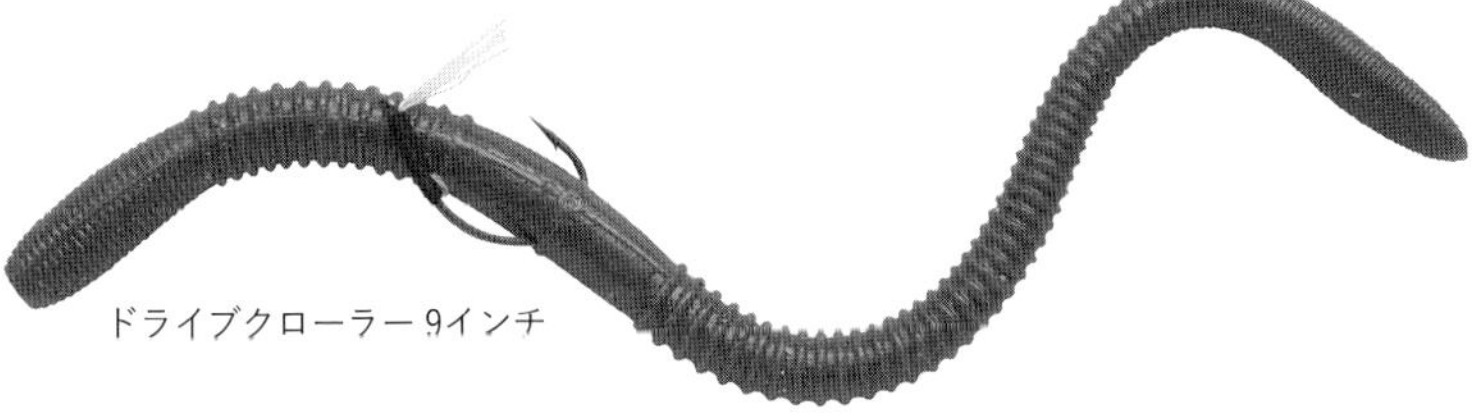

ドライブクローラー 9インチ

フックやマスバリのちょん掛けはアクションが弱め。ボディー中央にフックを掛けるワッキーセッティングは、大きく水を受けるのでアクションも強くなります。

④全体的にスピードは遅め。軌道も大きくは変化させづらい。

⑤軽いので引っ掛かりづらく、バスが吸い込みやすいのでフッキング性能もよい。

《ダウンショットリグ》

①シンカーが常に下へ引っぱる構造なので一定のリズムでのアクションが得意。つまり連続性が高い。フォール中もワームの挙動を抑え、一定の抵抗を受けながら落ちるので連続性を保ちやすい。

②ラインテンションを抜くとワームはすみやかにアクションを止める特徴から、不規則性はとても高い。シンカーをより重くしたり、抵抗が少ないワームほどこの傾向は強まります。一方でワームの細部に目を向けると、静止状態でもわずかな水流などでシェイプやパーツは目まぐるしく動いており、常に微細な不規則性を備えているともいえます。

③存在感が強いワーム、あるいはシンカーが重いほどアクション

HPバグ1.5インチ

も強調されます。
④シンカーがアンカーの役目を果たすので、スピードは遅くなります。同時にボトムの起伏を捉えやすく、軌道は変化させやすいリグであるといえます。
⑤ワームとシンカーがどちらも引っ掛かりやすいのが特徴です。バスが吸い込みやすいうえに無駄なラインテンションも少なく、フッキング性能は高いリグだといえます。

ドライブクロー 2インチ

《ネコリグ》

①一定の抵抗を繰り返して受けやすい形状で、連続性は高いといえます。

②ダイレクトにワームを操作できるので、不規則性も演出しやすいのですが、シンカーの影響を常に受けるため、不規則なアクションはすぐに収束する傾向にあります。「瞬間的な不規則性が高い」ともいえます。

③シンカーやフックの位置から、とても強いアクションが出せる部類です。

④スピードは遅めですが、シンカーによる調整幅も広いといえます。ボトムをとりやすく、ワームの抵抗も感じやすいので軌道を調整しやすいリグです。

⑤フックをボトムから離しやすいので障害物にコンタクトしづらく、さらにセット方法やフックの種類でスナッグレス性能を高めることができます。比較的バスが吸い込みやすいリグなので、フッキングもそこそこよいほうです。

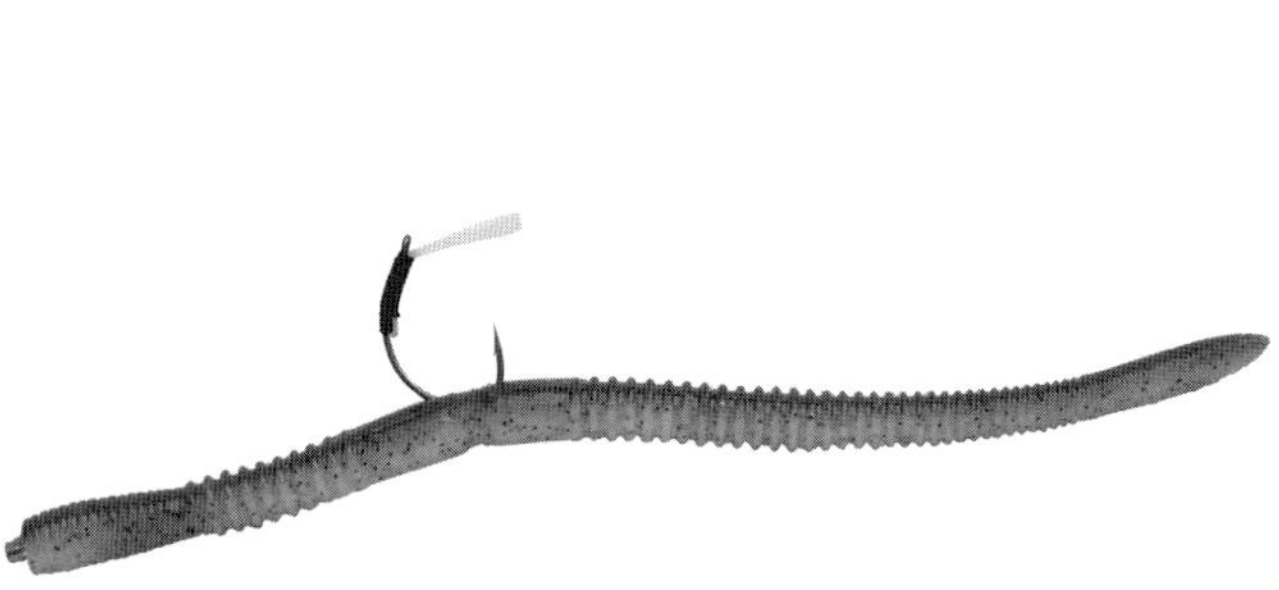

ドライブクローラー 6.5インチ

《ジグヘッドワッキー》

①ジグヘッドのシンカー部と、そこから少し離れたワームが対をなして動くため、連続性が高いリグといえます。

②ワーム自体は暴れるように動くので不規則性は高いですが、リグ全体を見ると移動距離やスピードが制限されやすい形状なので不規則性は低いといえます。

③シンカーの影響を強く受け、ワームの抵抗もあるためにアクションは強めです。

④スピードは遅めですが、全体のウエイトを重くすることでスピード調整が可能です。引き抵抗が強くてスローなのでルアーコントロールが容易で、レンジキープや軌道の調整もできます。

⑤セッティングによって変わりますが、重心とフックの状態が目まぐるしく変わるので、スナッグレス性能は不安定です。バスが思い切って吸い込みやすいのでフッキングはよいといえます。

《ジグヘッドリグ》

①一定のスピードで引いて連続性を持たせやすいリグです。テー

ドライブクローラー4.5インチ

ル付きのワームやラバーが装着されたスイムジグなどは、この特性を高めるためのアイテムです。一方、ミドストのように使い手しだいで連続性を高められるものもあります。

②操作がダイレクトかつワームが機敏に動くので、不規則性は高いといえます。

③使うワームにもよりますが、リグの構造上アクションの弱いタイプに当てはまります。

④ジグヘッドのウェイト、ワームのタイプで調整が可能です。

⑤基本的には装着されたガードによってのみスナッグレス性能は高められます。フッキング性能はワームに対するフックのポジションや大きさからよいといえます。

《テキサスリグ》

①シンカーと操作方法によって大きく影響を受けます。フォーリングや一定のリズムでのシェイク、ただ巻きで連続性が高くなります。パーツのアクションで連続性が高まるものもあります。

②使い手しだいで自由自在です。ロッドワークで抵抗を加えたり、抜いたりしても不規則性は高まります。全体の動きやパーツの挙

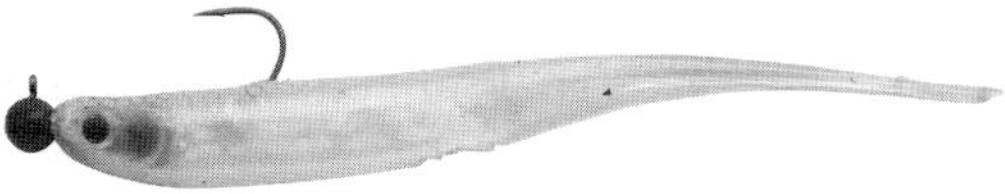

マイラーミノー 3.5インチ

動はこのときに大きく変化し、着底でも強まります。
③シンカーの重さやワームのタイプに比例します。より重く、存在感のあるタイプほどアクションも強まる傾向です。
④シンカーの重さやワームによって変わりますが、速い部類です。軌道も大きく変えることができます。
⑤その形状や構造から、とても高いスナッグレス性能を誇ります。またフッキングには一定のパワーが必要であるものの、安定してフックが出やすいのでフッキング性能は良好です。

《キャロライナリグ・スプリットショットリグ》

①ワームとシンカーに距離があるので、シンカーの挙動にワームが影響されづらく、連続性の高いリグです。安定したスピードやレンジでワームが動きやすく、またシンカーを止めて舞い上がったワームがフォールするときに連続性の高い動きが出せます。
②すばやくシンカーを動かしてワームをクイックに移動させる使い方は不規則性を高めます。これはシンカーとリーダーによっても変わり、重く短いほど不規則になる傾向です。
③ノーシンカーと同じく、ワームによって変わります。

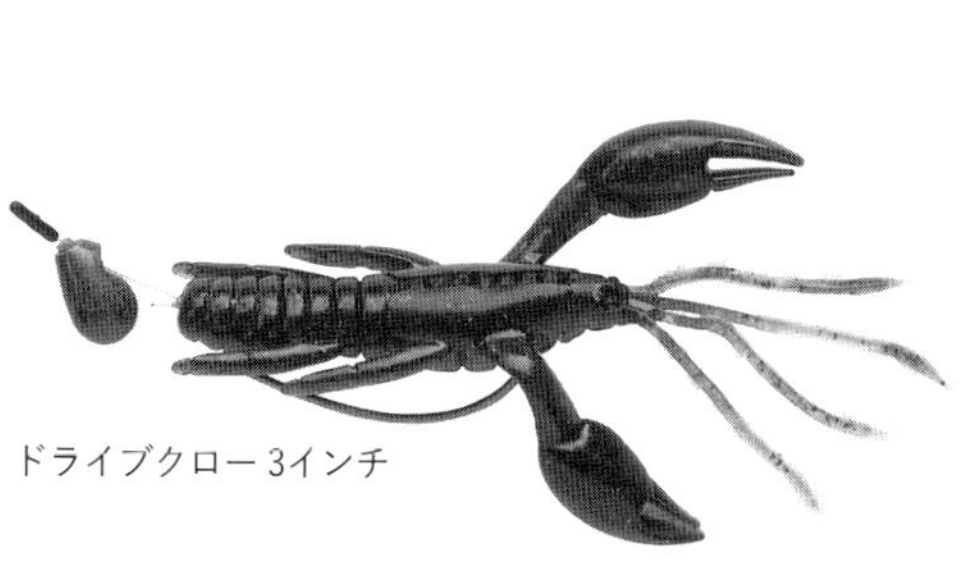

ドライブクロー 3インチ

④スピードはシンカーの重さに大きく委ねられます。軌道は安定して一定のレンジを保つのが得意です。
⑤シンカーとワームが離れているため状況に左右されやすいですが、スナッグレス性能が悪いほうではありません。またリグの構造上、シンカーの重さがフッキングパワーをロスさせる役目を果たしますが、ワームをバスが吸い込みやすい利点でもあります。

《フリーリグ》

①一定のスピードを保ちながらフォールしつつもシンカーの影響を受けづらく、連続性の高い動きをする特徴があります。
②着底と、その瞬間のワームの動きの変化によってのみ不規則性は高まります。
③ワームの性能に委ねられます。
④シンカーとワームの抵抗によって変わります。
⑤ワームとシンカーの距離に自由度があり、重心が離れているので、スナッグレス性能はワーム単体で障害物を回避できるかどうかにかかってきます。キャロライナリグ同様にシンカーがアワセを妨げる働きをしつつ、ワーム自体は抵抗なくバスが吸い込みや

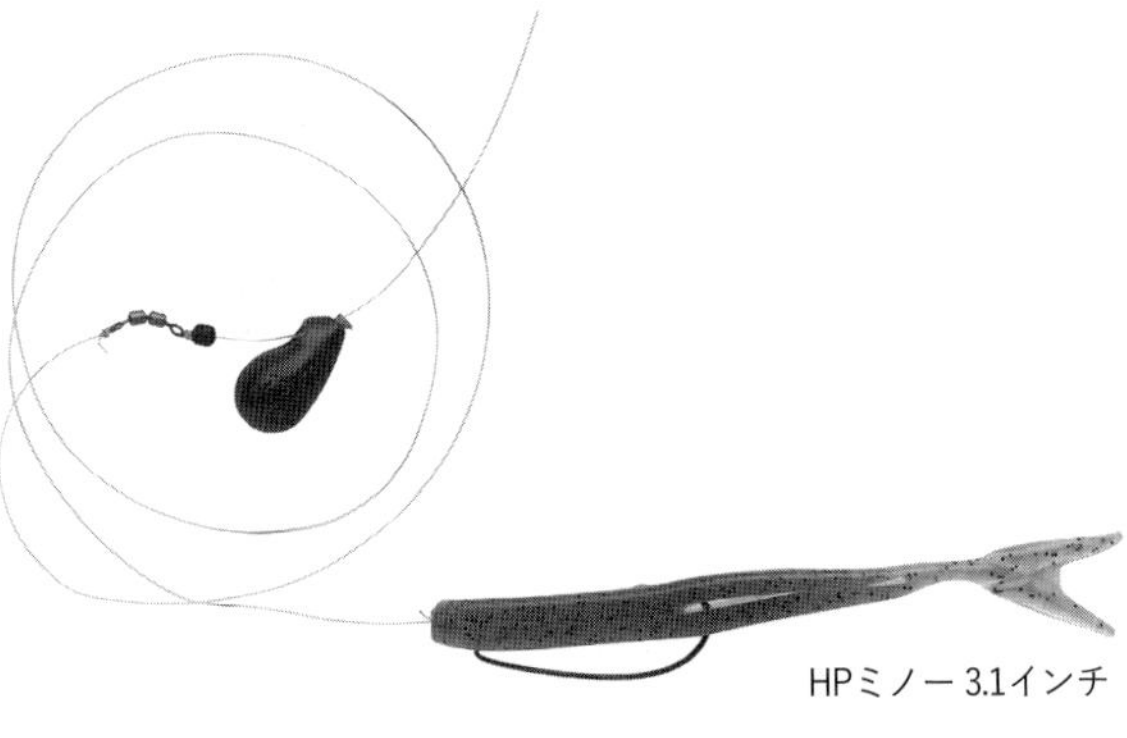

HPミノー 3.1インチ

すいので、フッキング性能は不安定です。

《リーダーレスダウンショット》

①フォールアクションや一定のリズムでのシェイクで連続性を持ちます。テキサスリグよりもワームの自由度が高く、細かなアクションによる連続性が特徴です。

②着底時や大きなロッドワークを加えたときに不規則性が高まるのはテキサスリグと同じです。しかし、細かなロッドワークによるワームの自由度はシンカーによって制限を受けるので不規則性は抑えられます。

③シンカーの重さやワームのタイプによりけりです。

④シンカーが下方についているものの、ワームと一体になっているためスピードはテキサスリグとほぼ変わりません。軌道も大きく変わりません。

⑤スナッグレス性能は高いですが、シンカーの位置が違うテキサスリグとは相性のいい障害物が異なります。水中での状態が安定しているのでフッキング性能はよいほうです。

ドライブビーバー 3.5インチ

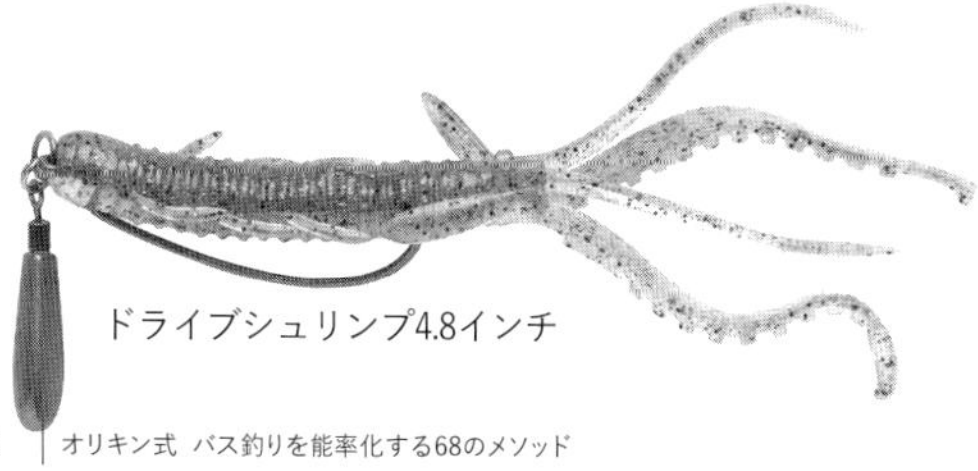

ドライブシュリンプ4.8インチ

《ラバージグ》

①ベースはジグヘッドリグですが、ラバーの抵抗が加わることで連続性が向上しています。フォール姿勢の安定感が増し、シェイク時にも全体の挙動を抑える効果があります。また、ステイやカーブフォール中にラバーが動くことで連続性が高まります。トレーラーワームも連続性のあるものがマッチします。

②右に挙げた理由から、ルアー自体の不規則性は低いものの、ラバーが絶えず形を変えるようすは不規則であるとも捉えられます。着底時や軌道の動きの変化は不規則といえます。トレーラーワームの種類で不規則性を持たせることも可能です。

③ラバーによる存在感に加えてトレーラーワームに委ねられる部分が大きいといえます。

④遅い部類です。軌道は自由度が高く、意図したレンジでのコントロールが可能です。

⑤ガード付きであればスナッグレス性能は高く、ガードがなければフッキング性能がよいのが特徴です。ただしガード付きはフッキング時にガードを倒すだけのパワーが必要。ノーガードだとフックに固定されたウェイトの作用でバレやすいのが特徴です。

ゼロワンジグ＋ドライブクロー 4インチ

05タッガー＋オリカネ虫

予測と検証のルアーローテーション

釣れた「ルアー」や「ポイント」を切り取って重要参考記録とする。それも間違いではないし、とても大切なことです。

しかし、釣れたときにまず行なうべき作業は、「ほかになにか特別な要素がなかったのかを詳しく思い返すこと」です。地形や流れ、ルアーのコースなど、はっきりとわかりにくいものも重要だったりします。

ここで重要なのは釣れた瞬間だけではありません。それは「釣れた経緯」です。どうしてそこに投げたのか？　理由があったのか、たまたまなのか。最初は偶然だと思っていても、振り返ると理由が見つかる場合もよくあります。同じスポットに複数回投げたうちの1投であれば、ほかとの違いを比較します。比較できないイーブンな状況なら、どのくらいのキャストをそこで行なったのか考えると、おおよそのバスの数や反応のよさが推測できます。

このような作業は、釣れたあとだけに行なえばいいというものではありません。つまり、釣れる確率がどのくらいであると考えたのか（→予測）。その結果、どのような範囲のポイントを、どのくらいの時間を掛けて、どのようにルアーを操作したか（→検証）。

はっきりと予測し検証できれば、釣れても釣れなくても、その結果は経験になります。この作業のスピードを上げて次々と検証を繰り返せば、よりはやくバスに近づけるはずです。

たとえばひとつのワンドでも、入口、中間、奥でバスの状態を予測できれば、使うルアーにも意図を持たせることができます。「入口のフラットはオイカワを捕食していそう→ミノーを速巻きしてみよう」「中間は変化が少ないのでパス」「ワンド奥にはカバーに付いた個体が？→クリアでプレッシャーも高いだろうからパワーフィネスで」。こんなふうに、狭い範囲で多くの予測と検証を行なうことができればさらに能率は上がります。

同時に、釣りを進めながら考えを改めることも必要です。たとえば、釣れないけれどまだこのクランクを投げ続けてよいのか？　よくある迷いがちな局面です。

合っていようがいまいが、まずは予測に従ってある程度の数を試してみましょう。そして、間違っていると判断したらなにかを変えるだけです。「濁っているエリアだけクランク」と考えたなら、クリアなところに出くわすまで投げ続けてもいい。しかし「朝からずっと投げているけど3時間経っても釣れないので変える」というのでは、なんら有効な判断基準にはなりません。そもそも考えがなかったり、合っていないと感じているのに釣りを続けていたら、もはや偶然しか期待できないことになります。

変える決意が固まればあとは簡単。しっかり変えるだけです。大きな変更になるほど結果がわかりやすいといえますが、変えすぎて的はずれであってはいけません。クランクベイトをシャッドに変えるのが大転換になるときもあれば、たいしたことではない場合もあります。

そして、変えた結果どうであったかをふたたび検証することが必要です。単によい悪いだけでなく、変わった要素、同じ要素、片方にあって、片方にないもの。それぞれがどの程度よいか、できるだけ詳しく考えるべきです。

特定のルアージャンルと苦手意識

誰にでも得意不得意が存在するのは当然のこと。まったく使わないルアーもあるでしょう。それで間に合っているかもしれませんが、知っていて損はないはずです。ちょっとは使いたくなるように、苦手な人が多そうなルアージャンルの特性をまとめてみました。

《トップウォーター》

なぜ使わないか？　多くの人がバスを水面まで浮上させてバイトさせるのが難しいと思っているからでしょう。もちろんそれは正しい解釈の一部分です。難しいのはプレッシャーや天気のせいでしょうか。沈めるルアーが圧倒的に多く、トップが少数派というイメージゆえでしょうか？

しかし、メリットもたくさんあります。水面で止められる。レンジが変わらず一定である。空気との境界や波紋を利用して騙しやすい。これらはトップウォーターの特権です。

また、レンジが限られていることを考えれば、沈むタイプに負けず劣らず種類は多彩です。いつでもよく釣れるわけではないですが、それはすべてのルアーにいえます。

いちばん得意なのは、強弱を問わず広くアピールすることです。やる気があってもバスが散っているときなどは最適で、存在感の薄いルアーで中層を引いてバスに出会えるかどうかわからないアプローチを続けるより、能率は断然よくなります。

大きさゆえに好みの分かれるルアーです。専用タックルも必要ですし、丸一日投げるのはそこそこたいへんです。繊細な釣りを多用する人から見たら、大雑把で乱暴なイメージかもしれませんが、しかしビッグベイトもあんがい繊細だったりするのです。

《ビッグベイト》

ビッグベイトの効力を最大限発揮する使い方のひとつは、強く動かすべきところで強く動かして、安定したレンジやスピードを刻むこと。いつでも強ければいいというものでもありません。大きさゆえのパワーをどう生かすかという工夫が必要で、繊細です。

たとえば、ルアーの大きさにバスが強く反応する状況で、なおかつ繊細さを必要とするような場合が盲点になりがちです。ボリュームのあるワームを落としても、マグ

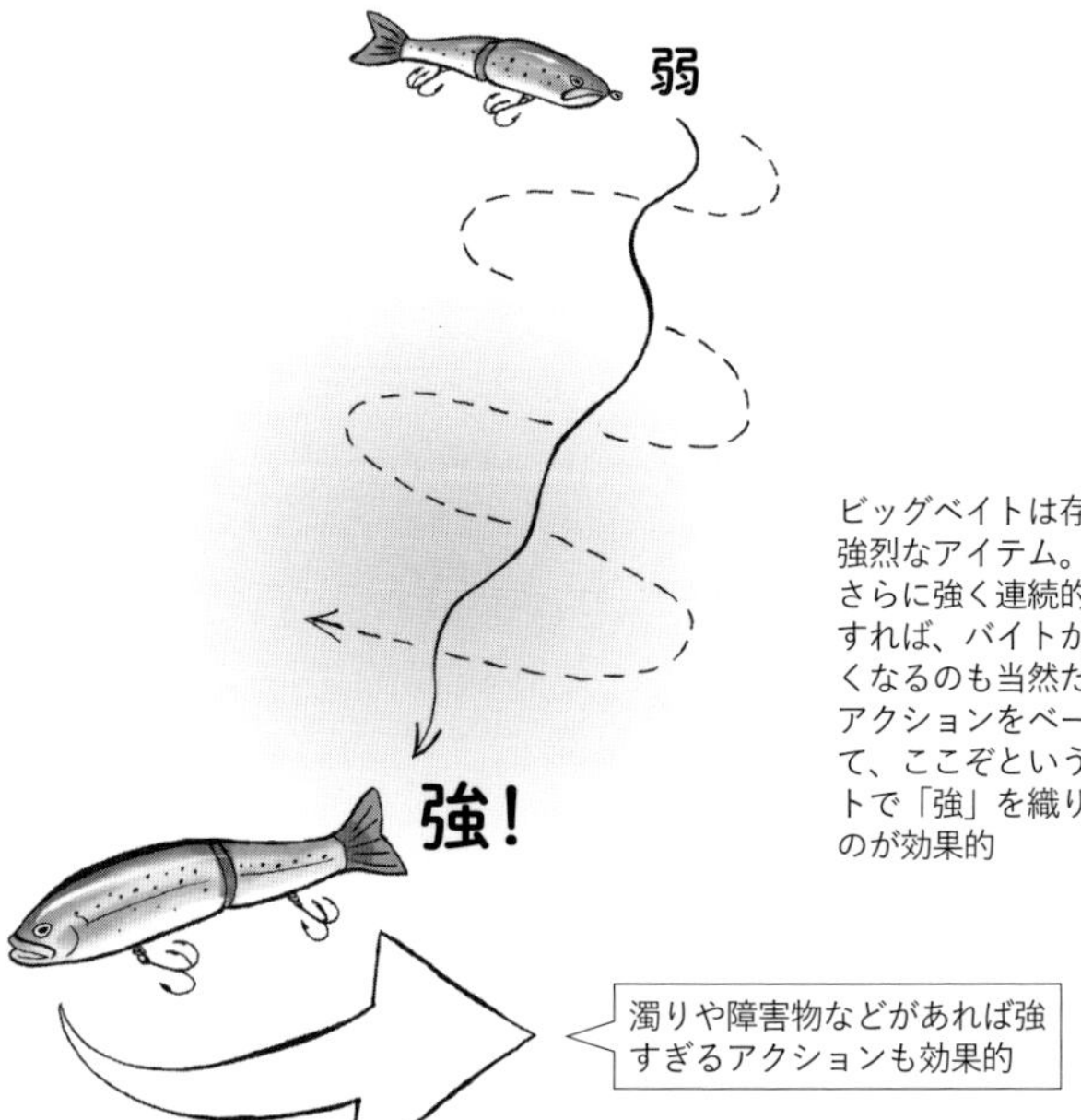
弱
強！
濁りや障害物などがあれば強すぎるアクションも効果的

ビッグベイトは存在感の強烈なアイテム。それをさらに強く連続的に操作すれば、バイトが出づらくなるのも当然だ。弱いアクションをベースにして、ここぞというスポットで「強」を織りまぜるのが効果的

ナムクランクをガンガン巻いてもダメなのに、一定レンジを横に引くビッグベイトの独壇場になったりします。

もちろん、大きいサイズが釣れる可能性は他を圧倒します。けっして数を見込めるルアーではないですが、なによりも本能むき出しのバイトは衝撃的で、忘れられない1尾になるはずです。

《巻きもの》

巻きものは「巻くもの」です。充分に巻かずに、釣れないと判断するべきではありません。

対照的なのはワームの釣りです。1投のあいだに訴えかける範囲は狭いものの、細かく誘えてバイトのチャンスを多く作れます。

ハードプラグに代表される巻きものは、訴えかける距離や範囲は広いものの、ワームほど細かくは誘えません。1投のなかでのバイトのチャンスは、ワームに比べたら案外少ないのです。ゆえに、ワームと同程度のチャンスを作り出したいなら、同じキャスト数では敵いません。「同じくらいの時間」をかけましょう。ワームの何十倍もキャストできますから、状況を把握できる範囲の差は歴然としています。どんどん投げることで、有効かどうかの判断材料も増えます。

また、ワームはポイントに投げれば釣れる可能性が生まれます。しかし巻きものはそこに「どう通すか」で差がつくことが多々あります。ただ立ち木のあいだに投げるのではなく、どのくらいの間隔で、どのレンジを通すか。そのためにはどういった飛距離でどこへ落とすのがよいか。バスが水中のルアーを食べるときのイメージをできるだけ強く、明確に持つことが大切です。

タックルセレクトの具体例

現在は市場にたくさんのロッドがあります。価格帯による差も含めたうえで、性能的にまったくダメなものは少ないはずです。

しかしながら、ほかの人のタックルを見て「もったいない」と思うことがときどきあります。個々のロッドの性能に合ったルアーがついていて、リールもラインもそれなりの選択がされているにもかかわらず、です。

気になるのはタックル同士のバランスです。ULクラスのスピニングが並んでいたり、パワー系ベイトが重複していたり。これではさまざまな状況に対応できるとは言いがたいです。それなりの釣果を求めるなら、可能性あるルアーをまんべんなく使えるラインナップが望ましいはずです。

私の場合、レンタルボートでは10本前後を積んでいます。タックルを持ち替えるときにわずらわしくならない本数です。なぜなら、釣りを始めると、想定していたとおりにことが進むとは限らないからです。

想定外の状況は、新しい情報や技術をインプットするチャンスです。それなのに対応できるタックルがなければ、手も足も出ないことさえあります。

想定してないものを、想定する……というと矛盾がありますが、なるべくタックルパワーの片寄りをなくして揃えることで対応できるはずです。

バランスのよいタックルは季節やフィールドによっても変わってきますので、具体的な例を次ページから紹介していきます。

「このルアーで釣りたい！　この釣り方を覚えたい！」と思っているときは、逆にタックルの数をなるべく絞るのがオススメです。できればロッド１本。それによってキャストやルアー操作が上達しやすく、タックルの適性についても見識が深まります。

春

房総リザーバー

[**カバー撃ち**]
①BLX SG721H+FB ／スティーズA TW ／モンスターブレイブ Z 18ポンド
→ゼロワンジグストロング、ドライブビーバーマグナム
②BLX SG701MHXB ／ジリオンSV TW ／モンスターブレイブ Z 14ポンド
→ドライブビーバー 4 インチ（リーダーレスorフリーリグ）
③BLX SG681ML/MHFS ／セルテート2506H ／ PEライン1.2号
→05タッガー 3.3～4.0 g

[**巻きもの**]
④BLX LG662M/MLFB ／アルファスSV TW ／モンスターブレイブ Z 12ポンド
→阿修羅 II、ヴァルナ、ルドラ
⑤BLX SG632HFB-SB ／ジリオンSV TW ／モンスターブレイブ Z 14ポンド
→火蓮、ドライブシャッド4.5～6インチ

[**フロッグ**]
⑥BLX LG5111MHXB-FR ／スティーズCT SV TW ／ PEライン5号
→ダイビングフロッグ

[**スピニング**]
⑦BLX SG641ULFS／ルビアスFC LT2500S-XH／スティーズフロロType-フィネス3ポンド
→マイラーミノー、HPミノー、ミドスト
⑧BLX SG681ULFS ／ルビアスFC LT2500S-XH ／フィネスブレイブ Z 4ポンド
→アイ・ウェーバー、オーバーリアル63ウェイク、マイラーミノー（ピクピク）
⑨BLX LG6101MLFS ／タトゥーラLT2500S-XH ／フィネスブレイブ Z 4ポンド
→ハイカットSP、ドゥルガ

「春に考えることは３つ。ひとつはボリュームのあるルアーでやる気のある大きな魚を引っぱるような釣り。ジグやフロッグ、スイムベイトなどがこれに当たります。もうひとつ、やる気はあるんだけど少しレンジの深い魚に対してはジャークベイトで。そして最後はワカサギを食っている個体をターゲットにする釣り。水がクリア気味で、でかいのがカバーにボーッと浮いているようなときのためにパワーフィネスも加えています」

アフタースポーン〜初夏

霞ヶ浦水系オカッパリ

［流入河川・小場所］
①BLX SG681ULFS ／ルビアスFC LT2500S-XH ／フィネスブレイブZ 4ポンド
→オリカネ虫、オーバーリアル63ウェイク、ドライブクローラー 3.5〜4.5インチ
②BLX SG681MH/MFB ／ジリオンSV TW ／モンスターブレイブZ 14ポンド
→ドライブスティック、ドライブショット、ドライブシャッド

［本湖・オープンウォーター］
③BLX SG6101M+FB ／スティーズLTD SV TW ／モンスターブレイブZ 13ポンド
→ヤマトJr.、02ビート、ハイピッチャー、ドリッピー
④BLX SG661MXB-ST ／スティーズAIR TW ／フィネスブレイブZ 8ポンド
→ドライブクローラー 4.5〜5.5インチ（ネコリグ）、04シンクロ

［巻きもの］
⑤BLX LG632MLFB ／アルファスSV TW ／モンスターブレイブZ 12ポンド
→ブリッツ、ブリッツDR、タイニーブリッツMR

「この５本は車に用意しておいて、ロケーションごとに２本程度を持ち運ぶイメージです。狭いところではまずなんでも使えるスピニング①と、季節感に合わせて高比重ノーシンカー系などを使うタックル②。ガチガチのカバー撃ちは想定していません。逆に広い水域では、風が強いときの操作性、投げやすさも大事な要素。ハイシーズンだとスピニングタックルは必須ではなくて、ライトリグも強めのベイトフィネス④があればOK。トップから巻きものまで広く使う③は、どちらかといえばしっかり掛けていくルアーが多いので高弾性モデル（SG）を選んでます。フルキャストすることも多いので14ポンドだと微妙に飛ばなくなる。カバーとオープン半々で使うと考えて13ポンドに。クランク用に用意した中弾性カーボンの⑤は、タイニークランクも無理なく扱える中間のパワーとアクション」

真夏

関西系リザーバー

[ソフトベイト]
①BLX SG701MHXB ／ジリオンSV TW ／モンスターブレイブＺ16ポンド
→ドライブビーバー（テキサス＆キャロ）、ドライブSSギル、ゼロワンジグ
②BLX SG681MH/MFB ／アルファスSV TW ／モンスターブレイブＺ13ポンド
→ノーシンカー（ドライブシャッド、ドライブスティック）
③BLX SG661UL+FB ／スティーズAIR TW ／フィネスブレイブＺ6ポンドorPE0.8号
→オリカネ虫ダディ、MMZ、ラウダー 50

[ユーティリティー]
④BLX SG6101M+FB ／スティーズLTD SV TW ／モンスターブレイブＺ13ポンド
→ドライブクローラー 9インチ、ヤマトJr.、ベントミノー 106F、ヴァルナ、03ハンツ

[巻きもの]
⑤BLX LG632MLFB ／アルファスSV TW ／フィネスブレイブＺ10ポンド
→ブリッツ、ブリッツMR、ラウダー 60
⑥BLX LG6101MRB ／ジリオンSV TW ／モンスターブレイブＺ13ポンド
→ブレードジグ、ハイピッチャー、ブリッツMAX
⑦BLX LG6111H+FB-SB ／スティーズA TW ／モンスターブレイブＺ18ポンド
→火蓮、ドライブビーバーマグナム、ブリッツマグナムMR

[スピニング]
⑧BLX SG681ULFS ／ルビアスFC LT2500S-XH ／スティーズフロロType-フィネス3～4ポンド
→サイト全般、オリカネ虫、オーバーリアル63ウェイク、ドゥルガ
⑨BLX SG6101L+FS ／ルビアスLT2500-XH ／フィネスブレイブＺ4ポンド
→ベントミノー 86F、ドライブクローラー 6.5インチ（ノーシンカー）
⑩BLX SG681ML/MHFS ／セルテート2506H ／ PEライン1.2号
→05タッガー、ドライブクローラー 4.5インチ（カバーネコ）

「あまり状況のわからない関西のリザーバーに遠征する設定。レンジは下げても2～3m程度まで。①～③はワームでなんでもできるように、ULクラスのベイトフィネスまで用意。スイムベイトやマグナム系の⑦が春と違うのは、向こうはフルサイズのカバージグも兼用していたから。メインベイトによっては大きめのルアーが増えるので、少し強めのスピニング⑨も入れました。ローテーションの入口としては、まずポッパーやミノーで反応を見ていく」

秋

クリアリザーバー

[巻きもの]
①BLX LG6101MRB／アルファスSV TW／モンスターブレイブZ 12ポンド
→ハイピッチャー&ハイピッチャーMAX、ブレードジグ、ドライブシャッド、06スリッパー
②BLX LG731ML+FB／ジリオンSV TW／フィネスブレイブZ 10ポンド
→ブリッツシリーズ各種
③BLX LG6111H+FB-SB／スティーズA TW／モンスターブレイブZ 16ポンド
→火蓮、ドライブビーバーマグナム、ブリッツマグナムMR

[メタル&ベイトフィネス]
④BLX SG661MXB-ST／スティーズAIR TW／フィネスブレイブZ 8ポンド
→オーバーライド、ドライブクローラー4.5インチ（ネコリグ）

[ソフトベイト]
⑤BLX SG682MHXB-ST／ジリオンSV TW／モンスターブレイブZ 14ポンド
→ドライブビーバー3.5インチ（フリーリグ）
⑥BLX SG701MHXB／スティーズLTD SV TW／スティーズフロロType-モンスター14ポンド
→ドライブビーバー3インチ、HPミノー3.7インチ（ヘビキャロ）

[スピニング]
⑦BLX SG6011L/MLXS／ルビアスFC LT2500S-XH／スティーズフロロType-フィネス3ポンド
→HPミノー（ダウンショット）
⑧BLX SG681ULFS／ルビアスFC LT2500S-XH／フィネスブレイブZ 4ポンド
→ハイカット、ドゥルガ、ピクロ68F
⑨BLX SG681L/MLXS-ST／タトゥーラLT2500S-XH／フィネスブレイブZ 4ポンド
→ライトキャロ（ドライブSSギル2インチ、HPミノー3.1インチ）
⑩ブラックレーベル742MHFS／セルテートLT2500-H／PEライン0.8号
→ブリッツEX-DR、ブリッツMAX-DR

「いわゆる秋どまんなか、10月中旬〜11月の想定。3つ用意した巻きものは夏よりラインを細くしてレンジが入るようにしてます。ディープクランク②は立ち木などを絡めない前提で10ポンド、カバーが多ければ12ポンドでも。ヘビキャロ用の⑥はカバー撃ちにも転用可能です」

冬

オールラウンド

[ダウンショットリグ]
①BLX SG6011UL/MLXS-ST ／ルビアスFC LT2500S-XH ／スティーズフロロType-フィネス4ポンド
→HPミノー、HPシャッドテール、ドライブクロー 2インチ、ドライブクローラー 3.5インチ

[カバー撃ち]
②BLX SG701MHXB ／ジリオンSV TW ／モンスターブレイブZ 16ポンド
→ドライブビーバー 4インチ、ドライブクロー 4インチ

[メタルバイブ]
③BLX SG661MXB-ST ／スティーズAIR TW ／フィネスブレイブZ 10ポンド
→オーバーライド

[パワーフィネス]
④BLX SG681ML/MHFS ／セルテートLT2500-H ／ PEライン1.2号
→05タッガー

[シャッド]
⑤BLX SG681ULFS ／ルビアスFC LT2500S-XH ／フィネスブレイブZ 4ポンド
→ハイカット、ハイカットDR

[ジャークベイト]
⑥BLX LG662M/MLFB ／アルファスSV TW ／モンスターブレイブZ 12ポンド
→ヴァルナ

「冬は反応のあるルアーが狭まるし、釣っていくシチュエーションも限られるので、フィールドごとの差があまり出ないです。③のメタルバイブのラインは前ページでは8ポンドだったけど､冬は消波ブロックなども考えてワンランクアップ。⑤のロッドはオールシーズンどこへ行っても使ってますね」

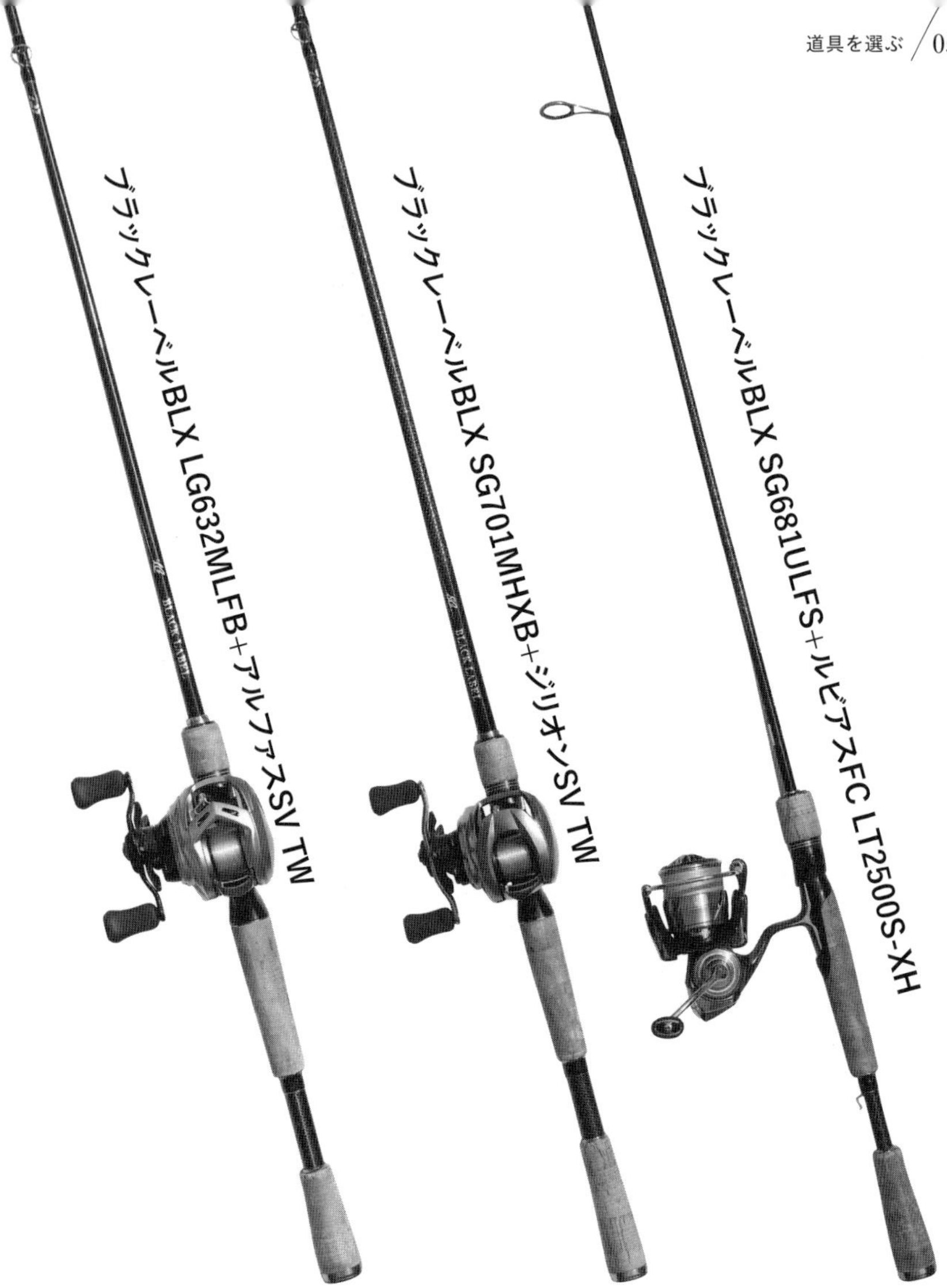

ブラックレーベルBLX LG632MLFB＋アルファスSV TW
ブラックレーベルBLX SG701MHXB＋ジリオンSV TW
ブラックレーベルBLX SG681ULFS＋ルビアスFC LT2500S-XH

弾性率の低いブランクを使った巻きもの系ロッド。軽めのクランクやジャークベイト、トップ、小口径リールならシャッドまで扱える。２ピースで携行性が高まるだけでなく、力強いバットと繊細なティップセクションの幅広いバランスが出せる

カバー撃ちタックルの中心的存在。エキストラファストテーパーで操作性が高い１本だ。テキサス＆ジグはもちろん、リーダーレスダウンショットやフリーリグ、ときにはヘビキャロ用としても活躍

どんな季節でもシチュエーションでも、ほぼかならず出番のあるオリキン的バーサタイル・スピン。小型ミノー、シャッド、マスバリ系のライトリグ全般に対応。ロングキャストもアキュラシーキャストもこなせる

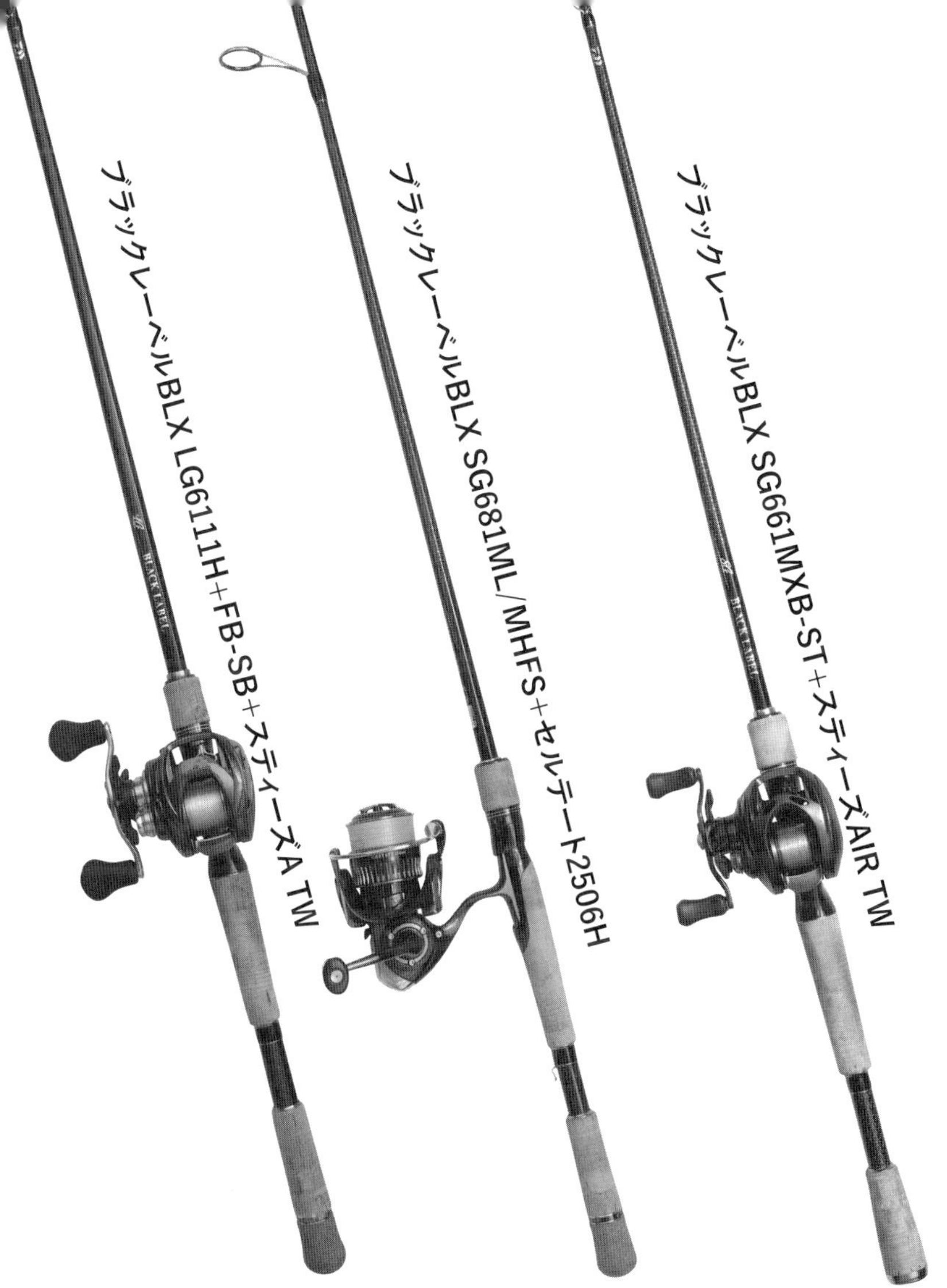

ブラックレーベルBLX LG6111H+FB-SB+スティーズA TW
ブラックレーベルBLX SG681ML/MHFS+セルテート2506H
ブラックレーベルBLX SG661MXB-ST+スティーズAIR TW

けっして出番は多くないが、ほかのロッドでは代用の利かない「曲がるヘビーアクション」。ビッグベイト、マグナムクランクなどの重量級アイテムを投げ、巻き、操作し、掛けていなすための中弾性ブランクス

折金一樹のホームである房総リザーバーではもはやマストのパワーフィネス系ロッド。MHクラスのトルクを持つバットセクションと、キャスト＆シェイクを快適にするベリー〜ティップの繊細さが持ち味

ソリッドティップを使用、繊細なロッドワークとノリのよさを両立したベイトフィネス系ロッド。ハイシーズンはカバーまわりでのネコリグやスモラバ、冬はメタルバイブ専用機として手放せないタックルだ

タックルバランスの微調整

なにをもってタックルバランスがよいとするかは難しい問題です。最終的に目指すのは、釣果がより期待できる状態。単純化すれば「バスのバイトが多くなってキャッチできること」そして「正確かつスムーズに釣りの動作が行なえること」です。

ここに影響を与えるのは、ロッド・リール・ルアー・ライン・フックの5つ（加えて、これを扱う釣り人の技術も）。これらを調整して道具全体の戦闘能力を上げる作業が「タックルバランス」ともいえます。5つの要素は相互に作用するので、簡単な実例で解説します。

ヘビーカバー用タックル
◎7ft・ヘビーパワーのロッド
◎ハイギアのベイトリール
◎フロロカーボンライン20Lb
◎14gシンカー＋太軸ストレートフック
◎ズレにくい素材のクローワーム4in

上はよくあるベーシックなカバー用タックルです。ここから、バスの反応や状態に応じて調整していきます。

［例1　アタリはあるが乗らない。または乗ってもバレてしまうとき］

＊変更点
↓ワームを3・5インチに（口に入りやすくする）
↓7gシンカー（ワームを小さくしたぶんフォールスピードを抑える）
↓14ポンドライン（軽いシンカーでもカバーに入りやすいように）
↓ロッドをMHパワーに（細くしたラインが切れないように。また少し

繊細に操作するため）
↓オフセットフック（ロッドをパワーダウンしても容易にフックポイントが出るように）

まずワームサイズを変更し、それを起点としてシンカーやラインを調整した例です。さらにラインなどに合わせてロッドパワーを下げ、フック形状も変えています。

［例2　水が増えてカバーの奥でバイトするとき］

＊変更点
↓18gシンカー（濃いカバーの奥に落とすため）
↓7フィート2インチXHパワーのロッド（フッキングパワーを上げ、取り込みやすくする）
↓PEライン5号（ロッドパワーやカバーで切れるのを防ぎ遠くへフッキングパワーを伝達）
↓剛性の高いXGギアのベイトリール（強い巻き取り力でカバーに潜られるのを防ぐ）
↓太軸ナローゲイプのオフセットフック（折れない強度とフッキング性能の両立）
↓ワームは4インチのホッグ系（フックに合わせて少し細身のボディーに変更）

リグをヘビーカバーの内側に落とすのが最優先。そして掛けたバスを確実に取り込まなければなりません。シンカーウエイトを増し、タックルパワーを上げてから、ライン→リール→フックの順に検討しています。例1とは異なり、ワーム選びが最後に来ている点に留意してください。

続いて、シャッドプラグを使うときの一般的なタックルとアレンジの例です。

［例3　速巻きでしか反応しないが、乗ってもすぐバレる］

＊変更点

↓6フィート後半のレギュラーテーパー（全体的に曲がるロッドでクッション性向上）

↓リールのドラグを緩める（速巻きでギリギリ出るくらいに調整）

↓フロロカーボン3ポンドまたはナイロン4ポンド（やや伸びるラインでクッション性向上）

↓潜行レンジの浅いシャッドに変更（ラインが細くなると深く潜りすぎるため）

↓細軸のフック（タックル全体のフッキングパワーが下がるので、刺さりやすく調整）

まずはバラシを防ぐためにロッドを変えます。それでも解消しない場合はさらに調整。最終的にはラインを細くし、ルアーの挙動は変えたくないので、同じようなレンジを泳ぐタイプに変えます。ただし、そもそもルアーのタイプが合っていない可能性もあるので、そこも要検討です。

サスペンドシャッド用タックル

◎6ft・ライトパワー・ファストテーパー

◎ギア比5.1:1のスピニングリール

◎フロロカーボンライン4Lb

【例4　遠くでバイトしても掛からない、掛かってもバレてしまう】

＊変更点

↓6フィート6インチ・MLパワー・レギュラーテーパー（フッキング力を上げる）

↓ハイギアリールに変更。ドラグも強めに設定（バイトの瞬間にすばやく深く掛ける）

↓細軸またはワンサイズ大きいフックに（刺さりやすくする）

↓PEライン0・6号（伸びの少ないラインでフッキングレスポンスを上げる）

離れたところからしっかり掛けるためのセッティングです。基本的には操作性やロッドパワーを上げ、フック選びも重要です。ラインもPEにすれば強く掛けることが可能になります。

小型ペンシルベイト用タックル

◎6ft6in・ライトパワー・レギュラーテーパー

◎ギア比5.1:1のスピニングリール

◎フロロカーボンライン4Lb

以上、内容は単純化した部分もあるので参考程度で理解してもらえればよいと思います。私も毎回ここまではやらないことも多いですが、トーナメントや撮影で状況がわかっていれば細かく煮詰める作業をします。

実際に最適なタックルを1本1本セットするかどうかは別として、状況に合ったベストなタックルバランスを理解できていれば、ちょうどよい落としどころを想定できるはずです。

ラインの選択

どんなによいロッドやリール、釣れるルアーがあっても、ラインの選択が悪ければ、釣れるバスも釣れなくなる。ラインはそれほどに重要です。強度や飛距離、感度、ラインタイプごとの違いはここでは省略して、そのほかの要素について取り上げます。

［フッキング］

フッキングの良し悪しには、ラインの伸びが大きく関わります。伸びない順にPEライン＞フロロカーボン＞ナイロン。伸びやすさを釣りの内容に合わせることが大事です。何十メートルもラインを出すと大きな差が出ます。よりルアーが遠くであるほど、伸びの少ないラインが有利です。静止状態、もしくはロッドでゆっくり動かすルアーは、釣り人によるフッキングの動作がハリ掛かりを左右します。よって伸びのないラインが有利です。

逆にリールを速く巻いて動かす場合は、ある程度の「伸び」があるほうがハリ掛かりを助けたりラインブレイクを防げます。同時にロッドのテーパーや柔らかさとの調整も考えるべきです。また、ラインを長く出す釣りほど、フッキング時にたるみを取る作業やフッキングストロークを大きく取ることが大切です。この場合は、自重によるたるみが少ないPEラインが有利です。

一方で伸びの少ないラインを使うと、ハリ先がバスの口に触れても瞬間的に弾いてしまったり、充分にハリ掛かりさせるタメがとれずにバラすことがあります。特に小さなフックや軽いルアーと合わせるときは、伸びがないとラインテンションが強く掛かって不安定な引っぱり方になるため、注意が必要です。

［ルアーの操作性］

汎用性が高く、バランスが取れているのはフロロカーボンです。伸びが少ないPEラインは力の伝達の緩急が大きすぎるので慣れが必要ですが、ロッドワークも強く短く伝えられるのでフロッグやトップウォーターには追い風になります。

ナイロンはもっとも伸びやすいので、強く細かいロッドワークを伝えるのは不得意ですが、緩やかにテンションを加えるルアー操作や、クッション性能を生かしたいときは有利です。

ライン自体の重さもルアーに影響します。重いフロロカーボンはラインの動きが収束されやすく、一定のリズムでシェイクしやすい。PEラインは軽くてルアーの動きを制限しづらいので、トップウォーターやI字系ルアーなどに多用されます。

［キャスト精度］

タックルやルアーだけでなく、ラインの伸びにも大きく左右される要素です。安定して扱いやすいのはフロロカーボン。伸びないPEはリリースポイントが狭く、コントロールしづらいラインです。対照的に、ナイロンはリリースポイントが広くてキャストしやすいのが特徴です。実際の伸び自体はわずかな差ですが、リリースポイントは一瞬なので、意外に大きな影響を受けます。

新製品の取り入れ方

新しい釣り道具はどれも気になるものですが、すべて買えるわけではありません。買えたとしても、すべてを試す時間はなかなかありません。できれば少ない投資でできるだけ多くのメリットを得たい、というのは誰しもが思うことです。

まずは新製品がどのような特徴を持っているかよく知ることです。リールであればその性格上わかりやすいのですが、ルアーとなると難しい問題です。常日頃から見識を深めておくこと以外に方法はありません。見た目以上に、その裏側にある性能がバスを引きつけることも多いからです。

一見、取り柄のなさそうな形であっても、ときに爆発的な反応を得られるルアーかもしれません。いろんなルアーを試し、見識を深めることで、自分だけの必殺技を見つけることも不可能ではありません。

自分にとってどのようなメリットがあるかも考えなくてはいけません。どんなにすばらしいものであっても、あなたにとって有意義な道具になるかどうかはわからないからです。普段のフィールドに合っているか、使えるタックルがあるか冷静に検討しましょう。類似のアイテムをすでに持っていないか、それよりどれくらい優れているかもポイントです。

そしてなにより「どれだけ楽しめそうか」。私にとってはこれもかなり重要な点です。とても楽しめそうだなと思ったら、それだけでも購入する理由になります。

06 ORIKIN METHOD
オカッパリ

オカッパリの確率論① 制約か短縮か

オカッパリではさまざまな制約が生じます。自由な選択ができずに正解の幅が狭まります。とはいえ選択肢が減って迷いが消え、むしろ正解にはやく近づけるかもしれません。

ボートであれば時間や場所、使うルアーの制限をほとんど受けないため、同じ場所であってもルアーを替え、あるいは同じルアーで場所を変えながら確率を上げることが期待できます。

オカッパリの場合、特定の場所にバスが多くてもアプローチできないことがあります。つまり「バスの数（いるかどうか）」を自由に比較できない、というデメリットがあるわけです。

そこで私は、オカッパリでの場所選びの基準をおもにふたつ決めています。「釣りに掛ける時間」と「バスの反応」です。

場所の制約と同時に、釣りをする時間も限られるのがオカッパリです。ポイントが狭いと短時間で探りきってしまうからです。ロケーションによって使えるルアーの種類も狭まります。

しかし、これらはメリットにも転換できるはずです。時間やルアーが制限されるのではなく「時間やルアーを決めやすい」と捉えるのです。言い換えれば、「能率よく釣りをするのに必要な時間の見当がつけやすい」ということです。

例を挙げましょう。護岸の沖に杭が1本だけ立っています。バスがいれば1投で食ってくるポイントだと仮定すると、バスがいない場合、あるいは反応しない場合も「1投で」わかります。きわめて短時間で判断できるわけです。ですから、こうしたポイントを選ぶのは、オカッパリにおいてたいへん能率的だといえます。

対照的に、広い護岸際をずっと巻いて探るという判断はどうでしょうか。いかにもバスとの遭遇チャンスが増えそうですが、実際には「何投も」しなくてはなりません。バスがいるのか、そのルアーに反応がいいかどうか、判断するまで時間がかかる。バスがいる確証があれば別ですが、けっして能率がよいポイント選びとはいえません。

オカッパリの確率論② 釣れる確率

現実的にはそれほどバスの反応がよくない状況も多いでしょう。それなのに、前項のようなポイント選びで釣りをする時間を短縮したら、余計に釣れなくなることは想像に難くありません。

そこで、どのポイントへ行っても同程度に釣れる（釣れない）と予測できるなら、「1ヵ所に費やす時間を長くして釣れる確率を上げる」という考え方もあります。

これが合理的な理由を、数学の概念をベースに試算してみましょう。

たとえば「10尾中、1尾だけ釣れる場所が10ヵ所」あるケースをAとします。

そして「100尾中、10尾だけ釣れる場所が1ヵ所」をBとします。

釣れる確率は10分の1（A）と100分の10（B）、それぞれバスの反応のよさは同じです。

このとき、Aの10ヵ所それぞれに1投ずつしてまわる場合と、Bの1ヵ所で10投する場合を比較してみます。キャスト数はどちらも同じですが、〝1尾でも釣れる確率〟は同じになるでしょう

※注

「1尾でも釣れる確率」と「1尾も釣れない確率」の和は常に「1」

155ページのAの場合、釣れる確率が1/10で、釣れない確率が9/10である。これを10ヵ所で繰り返すので、“1尾も釣れない確率”は「(9/10)の10乗」。ここから“1尾でも釣れる確率”を割り出すために上の公式を使うと、次のようになる。

$$1-(9/10)^{10}= 1尾でも釣れる確率$$
$$1-(3486784401/10000000000)=0.6513215599$$

か？

……なりません。〝1尾でも釣れる確率〟は前者が約0・6尾。後者は10／100なので1尾となり、Bが有利なことがわかります（※注）。

これはあくまで理論上の数値です。しかし現実的に考えてみても、Bには別のメリットがあります。同じ場所に長くいるうちに釣り方の傾向が見えることです。

Aで10ヵ所のポイントを回るには移動時間も掛かりますし、さらにバスの反応が悪くなって1／20で計算しなおすと、Aのほうが指数関数的に確率は低くなります。

つまり、釣れないコンディションになればなるほど、移動を繰り返して釣ろうとするのは不利だといえます。真冬に1ヵ所で粘るのはとても合理的なのです。

以上は極端な例ですが、どの程度の時間配分をすれば能率よくポイントが回れるか？　バスの反応と合わせて釣りのプランを組み立てていくバランス感覚が、オカッパリには欠かせません。

季節ごとのオカッパリ対策

［春］

早春は暖かくてもバスがなかなか動き出さないことが多いですが、2月なかばを過ぎるとチャンスが増えます。ただし気象の変化も大きく、寒暖の変化や風の影響をじかに受け止めるのがオカッパリエリアの特徴です。どのような変化であれ、すべてのバスがマイナスと受け止めてはいないはず。常にプラス思考で「動くバスを探すこと」が、結果的に釣果を得るコツです。

強すぎる波風に見舞われたら、ギリギリ避けられる場所。急な冷え込みには、外気をシャットアウトできるシャローカバー。なんの手がかりもなく沖に投げるよりは期待できると思います。

［夏］

まずは「流れ」、それがなければ「シェード」。ほかの細かな条件は無視するくらいのつもりでフィールドを見渡せば、これまでとは違った結果が得られるのがこの時期です。

浅かろうが、濁っていようが、より強い流れのあるところ。目に見える流れがなければ、地形が絞られてチョークしている部分。橋の下の大きな日陰はもちろん、小さな杭1本や岸からの傾斜によってもシェードは作られます。

また、朝マヅメは日中よりも10倍ねらいめ。チャンスは日の出から2時間です。まずはトップウォーターで、短い時間を有効に使うため、能率よくテンポよくバスを引き寄せます。

［秋］

水温が下がるにつれ、魚は徐々に深いレンジへ移動します。長雨や台風で大きく変化する季節でもあります。ずばり「濁ったタイミング」がチャンスです。通常、流れや濁りは流心からやってくるので、いったん沖の深場へ向かったバスを岸へ引き戻します。ルアーは大きめで動きの強いものをロケーションに合わせれば充分。濁りにおののくことなく、投げ続けましょう。

濁りが落ち着き、水温の低下とともにクリアになったらだんだん釣りにくくなります。バスはオカッパリからは届かない範囲まで動き回るからです。

チャンスは夕方、暖まった水に差すベイトを追って浅い場所にやってくる時間帯。クリアなのでミノーやシャッド、波っ気があればスピナーベイトがオススメです。

［冬］

プレッシャーにかかわらず、ねらうべきは「水温が安定して水が動きにくい場所」です。水深2〜3mが広がる水域ならベストで、ほかの魚種が多ければなおよしです。

やはり朝夕は見逃せません。人間は寒いですが、魚にとっては数少ないフィーディングタイム、オカッパリであればなおのことチャンスです。年内ならシャッド、年を越したらメタル系。定番たるゆえんの高い性能は、厳しい冬こそ頼りになります。

どちらも「一定のリズム」がアクションの要。一定のスピードで巻いたり、止めたり動かしたり。ひたすら繰り返すことが大切です。

オカッパリでの観察力

水中の情報は欠かせない判断材料です。しかしオカッパリでは魚探もなく、釣りをして得られる情報以外は、ほぼすべてを偏光グラスごしの目視に頼るしかありません。

橋脚などの人工物やアシなどの植物はよく目につきます。場所によっては「誰にでも見えるものだから、あまり釣れなさそうだな」と思うかもしれません。もちろん、先に釣られていたりプレッシャーが高いことも否定できませんが、よく目立つものは水中でもそれなりの存在感があるはずです。バスの依存度も高いかもしれません。

と同時に、目につきにくい障害物も見逃せません。わずかに見える杭、奥に少しだけ綺麗な水があるブッシュ。パッと見ただけでは気づかないカバーや変化はねらいめです。ただし橋脚などの例と同じ意味で、目立たない要素はバスにとってたいした影響力を持たないかもしれません。

ポイントの評価は客観的に下す必要があります。しかしながら、本当によいと思ったら、判断を信じて「主観的に」釣りをしたほうが結果に恵まれることが多いのも事実です。

また、自由のきかないオカッパリだからこそ、物理的に視点を変えることが大切です。水際に立つだけでなく、橋のうえから俯瞰して見たり角度を変えるだけでも違った印象を受けるはずで、ポイントの新しい評価に繋がります。

航空写真やポイントマップなどを利用して視野を広げるのもいいでしょう。経験の浅い場所であれば、広く全体から絞り込むときの手助けになります。ショアラインの大きな変化、急な凹凸などは特に見逃せませんし、全体の流れや風の当たり方、シェードの位置も把握できます。個人的な考えでは、なんでもよいので「いちばん大きな変化」には常に注意するようにしています。その場所が経験豊富なフィールドであれば、あらためて広い視点から見直すことで、好ポイントの背景が浮かび上がってくるかもしれません。よく釣れる場所には複合的な理由が重なっている場合が多いからです。それをもとに、ポイントの新規開拓もできます。

また、まったく見えない水中のようすも、見えるものの延長線としてイメージできます。岸の傾斜やマテリアルなどが水中に入って急に変化することは希ですから、リアルに想像できれば、釣れそうな場所のイメージも膨《ふく》らみます。

まとめると、私の経験上、よく釣れるポイントは「その理由が多少なりとも目に見えている」ことが大半です。条件のよい場所ほどさまざまな要素を持ち、目に見える障害物やバンクとの関連性が高くなる傾向にあるからです。逆にいえば、ほかの釣り人が発見しづらいシークレット的な変化を見つけたとしても、それ単体では釣れる要素としては弱いといえます。

優れた観察力や注意力は、釣れるルアーや優れたキャストをしのぐ釣果をもたらしてくれます。オカッパリであっても、ものの見方を変えたり、小さなことに注意を払えば、ポイントの良し悪しを見極めて釣果に繋げることができます。その場所を選んだ理由や経緯、もちろん釣れなかったポイントも含めて、記憶に留めておけば次からもかならず役立つはずです。

標準のタックルと応用

私の場合、オカッパリで持ち運ぶタックルは平均で2本です（車載タックルは別）。場所によっては1本や3本もありえますが、行動範囲の広さと必要性を天秤にかけて決めています。

本数が限られるので、オールラウンドにさまざまなルアーが扱えることが必須です。そう考えるとミディアムヘビーのベイトタックル1本、ライトパワーのスピニング1本が基準になります。どちらも少し長めの6フィート台後半をオススメします。必要なときにロッドを伸ばすことはできないですが、体勢や立ち位置を変えて実質的に短くするのは可能だからです。

ベイトタックルで使用するラインは、フロロカーボンの14ポンドが基本です。スピニングは4ポンドですが、カバーがあったり、ロングキャストも必要な場合はPEラインの0・6号。リーダーにするフロロカーボンの太さを調整して状況に対応しています。

ふたつのタックルの狭間にある、ベイトフィネスで扱うようなルアーはどうすればよいでしょうか？　軽めならばスピニング、重めのルアーはベイトでまかないますが、もうひとつの目安はポイントとの距離です。近い場合はベイト、遠ければスピニングの出番としています。

ベイトリールはオーソドックスなモデルで充分ですが、ロングキャストするとラインが足りなくなることがあるので、スプールが浅溝ではないタイプを選びます。

持ち運ぶルアーの数は、場所と状況でかなり変わります。短時間ならセットしたルアーのみ、状況がわからないのであれば小型のポーチ内にまんべんなく取り揃えます。ただしなるべく軽装でいたいので、ポイントごとにポーチ内のルアーを入れ換えたりもします。

さて、ここからは応用編。右のようにオールラウンドなタックルを選ぶと、必然的に釣りが似通ってしまいがちです。そこで、ときになにものにも代えがたい能力を発揮するのが「特殊なルアーの専用タックル」。

オススメはフロッグ、パンチング、パワーフィネス、トップウォーター。フロッグは引っ掛からずにほぼすべてのスポットを攻略できます。普通なら絶対にルアーが戻ってこない対岸のブッシュなど、アプローチの常識を吹き飛ばすほど。専用ロッドにPEライン5号もあれば充分です。

パンチングは分厚いマットカバー専用です。並のテキサスリグではびくともしないカバーを1オンス前後のシンカーで撃ちます。こんな水深にバスはいないと思うほど浅ければ、誰しもがそう考えるでしょうから、つまりそこがねらいめになります。

パワーフィネスはお馴染みになりました。活躍の場をベイトフィネスと分け合っていますが、カバーへのロングキャストかつフィネスアプローチでは圧倒的に優位です。3g前後のスモラバにバルキーなスモールワームをつけ、対岸のブッシュの奥へ。ベイトフィネスでバックラッシュに気を遣うより、力のかぎり投げられるパワーフィネスのほうがメリットは大きいといえます。

大穴はトップウォーター。そもそも岸近くから投げているのに、物理的にシャローのバスと距離が狭まるこのルアーを投げない手はありません。沈むルアーなら根掛かりを恐れる場所であっても、トップなら平気です。岸ギリギリをねらうならワームとさほど変わりません。むしろバスを呼ぶ力や浮かべておけるメリットはワーム以上で、トップだからこそ釣れる状況もあります。

「岸からのアプローチ」という優位性

オカッパリには制約があります。ルアーを投げて届く範囲までしか探れません。障害物は貴重なバスの付き場ですが、ときに邪魔な存在になり、立ち位置もルアーコースも影響を受けます。しかし、ボートにはない決定的な長所もあります。岸からの傾斜に対して「浅くなる方向にルアーを引けること」です。

これはバスがエサを追い詰める向きなので、ルアーも違和感なく食べさせやすくなります。オカッパリオンリーの人にとっては当たり前かもしれませんが、このメリットは絶大です。ラインをボトムに沿わせればルアーの存在感を消しやすいことも、意識しておくと役に立ちます。より繊細なズル引き、丁寧なボトムノックなどは、この長所を生かした効果的な釣り方です。

アプローチというと、キャストの精度や着水音、飛距離などを連想しますが、オカッパリではそれだけでは不充分です。むしろキャストは人並みで充分。よりよいアプローチのためには「立ち位置」に工夫が必要です。

キャストが少しズレたら、自分が動いて修正する。岸と平行に通したければ投げてから1歩下がる。50㎝変えるだけでも釣果は伸びます。体勢にも工夫が必要で、背後にサオ先が当たって投げづらければ前に出てしゃがんだり、下がって手を伸ばして投げたり。そんなときほどチャンスです。ルアーが投げにくい場所ほど、バスはフレッシュなことが多いからです。

投げたあとは、ルアーを操作しやすい姿勢を保ちます。腕の角度や向きだけでなく、足を置く位置自体を変えましょう。無理な姿勢ではルアー操作やフッキングもうまくいきません。いつアタリがあってもよいように、フッキングを想定したスペースも確保しておきます。

ルアーやラインが風やカレントにあおられるときも、自分が動けるスペースがあれば、立ち位置を変えて調整すべきです。いざフィールドに出ると釣りたい気持ちがはやりますが、どのような立ち位置が選択肢にあるか、メリットやデメリットを考えてからキャストすることが大切です。

ちなみに、私はオカッパリではあまり沖に向かって投げません。もちろん明確な意図があればどうにかしてルアーを送り込む努力をするし、タックルと肉体の限界まで挑戦します。しかし、あくまで主戦場は岸際です。これは今も昔も変わりません。明日も明後日も変わらないでしょう。岸際こそ「オカッパリの優位性を最大限生かせる場所」だからです。

そもそも、ボートから釣る人だって岸ギリギリをねらうことが多いのです。カバーの奥へ静かなアプローチで送り込めたらナイスキャスト。なぜかといえば、圧倒的に岸際のバスが釣りやすいからにほかなりません。

ボートと同じポイントをねらうことが可能なら、オカッパリのほうが断然有利です。アプローチ方法を考える時間が充分にありますし、枝の1本に至るまで近づいて見て、どうやってルアーを入れるかシミュレーションすることさえ可能です。アプローチの繊細さや静粛性というオカッパリのメリットを最大限に生かしましょう。

07 ORIKIN METHOD

釣りの技術

上達するためのステップ

誰しも大きい魚が釣りたいし、たくさん釣りたいと思います。ですから、釣れる情報や釣れるルアーを知って、どうにかして上手くなりたいと思うのも当然です。

ただし、上達のための本来のステップは「自分の思いどおりにバスが釣れるようになること」。噛み砕けば、自分で釣れる状況を見つけ、その状況にあったルアーを選択し、結果として釣れるのが理想です。ただ「釣れた」というだけでは、上手くなったとはいえません。少なくとも同じような状況を見つけて同じように再現するスキルが必要です。

意図したようにバスが釣れたとしても、それが絶対に「ねらいどおり」とは言い切れません。他人の情報や教わったルアーで釣れたなら、なおさらです。もっとよいアプローチ、もっと効果的なルアーが存在することも考えられます。かならずしも「釣れた＝正解」とはならないのです。

本当に上手い人なら、状況が少し変わってもルアーやアプローチを対応させて釣ることができます。それは常日頃から「釣れたときに釣れた理由を考えている」からにほかなりません。

たとえばシャッドで釣れた場合。「ルアーの大きさがよいのか？　ルアーではなくて本当は通したコースがよいのか？　水の当たり方はどうか？」など、釣れた事象以外も含めて考えています。この検証を繰り返すことで、少しずつ正解に近づいていけるのです。

さらにいえばその「正解」も、ひとことで要約できるものではなく、さまざまな要素の組み合わせです。それが理解できてくると、おのずとひとつひとつの要素についても考えを巡らせるようになります。深く考えることで、経験がいっそう厚みを増します。「釣れたから正解だ、ゴールだ」で止まってしまったら、本当にそこがゴールであるかどうかの検証すらできません。釣果をきっかけにレベルアップする機会すら逃してしまいます。

とはいえ、前言を覆すようですが、正解と思われるバスの行動も、常にパターン化して解釈できるものではありません。

仮に「ベイトフィッシュがいたから釣れた」としましょう。その1尾については「ベイトフィッシュ＝正解」かもしれません。

ですが、短絡的にすべてをベイトフィッシュに結びつけるのは早計です。時間帯や風、個体差などによって意識するレベルは変わります。行動を左右する要素に対して、周辺のすべてのバスがまったく同じ関わりを持っているわけではないからです。

また、釣れた理由のなかにはベイトフィッシュ以外の要素もかならず含まれるはず。バスの行動のすべてを、ひとつの要素だけで説明できることは希なのです。

目の前で起こることを常に観察し、考え、実践する。釣りの仕組みを知るのに近道はないはずです。あるとすれば、観察力を養い、思考のスピードを速めるのみでしょう。

「ガイドでは女性がよく釣る説」を深掘りする

私のガイドサービスにはカップルやご夫婦もよく遊びに来られます。もちろんガチな人もいますが、ある程度釣れて、釣りが楽しめればというケースがほとんど。十中八九は男性のほうが圧倒的に釣り歴が長く、女性に釣らせてあげたい、なんとか初バスを釣らせたいという優しい人ばかりです。

そのためでしょうか、船中の1尾目はだいたい女性。船上も沸いて、私はひと安心。要領を得た女性は2尾目をすぐに釣ります。上手いね、とほめる男性。私はお仕事の大半が完了です。とはいえ、3対0になったら、たいていの男性は焦ります。ちなみに私も焦ります。女性は釣れることで要領を得て、自信を持つことでさらに釣れる。明らかに釣れないことを悟った男性はなんとかしようとルアーをローテーション。もちろん差は開くばかりです。結果、8割近くは女性が釣り勝ちます。「ガイドでは（特に初心者の）女性がよく釣る説」は、ホントの話なのです。

男性が釣れず、女性が釣れる理由はどちらも明快です。男性はキャストもルアー操作も上手い。それなのに負けるのは、ひとつにはルアーがひっきりなしに変わること。釣れるために必要なキャスト数まで届かないうちにローテーションするのが原因です（あと10分続けたほうが……とは、私の口からはなかなか言えません）。

おまけに男性はなんとか工夫して釣ろうとズル引いたり、スイミングさせたり、ルアーを替えすぎてアクションも不安定。一方で、女性は私が結んだリグを信じ、ひたすら丁寧に同じリズムでアクション。アドバイスしたとおりでまったくブレない、尊敬に値する集中力です。

つまり女性ばかりが釣れるのは「同じことをずっと続けていられるから」にほかなりません。その釣りにバイトしてくるであろう魚を、取りこぼしなく拾えている結果だと考えられます。

まったくブレないアクションも要因のひとつ。連続性が高く（95ページ参照）、ルアーを操作しているあいだはずっと、バスが気づいて食べるチャンスになっているように感じます。

さらに女性は放置の釣りも得意です。私でも集中力が持たないほど長くワームをステイさせ、しっかり釣る場面にも出会います。コツコツと根気よく続ける集中力と忍耐力はぜひとも見習うべきです、私もほかの男性も。

キャストが上達しない理由

キャストがなかなか上手くならない、という話をよく聞きます。それもそのはず、普段からねらっているようでねらっていないからです。

ポイントやルアーの種類によって投げる対象は変わります。クランクベイトなのかジグなのか。沖のブレイクか、1本の杭なのか。そのつど要求されるキャストの精度は異なってきます。

普段なら「だいたいそのへん」に落ちればよいキャストが大半です。沖のブレイクで着水点が1mずれようが気にする人はほとんどいません。いつも「だいたいそのへん」なのに、急に杭の横に音もなく落とすことができるわけがありません。上達したいのであれば、常日頃のキャストから「だいたいそのへん」をやめて、ねらいを絞ってキャストすべきです。

精度も大事ですが、1投でねらったスポットに入れるのも重要。1投目への反応が断トツによくて釣りやすいことを、サイトフィッシングをする人ならよく知っているでしょう。ねらいが正しくてバスの状態がよいときほど、この傾向は顕著です。そんなときはミスキャストしたルアーにさえとてもよく反応します。最悪の場合、絶対にルアーを食べることがない範囲まで追わせてしまうこともあり、こうなるとバスはなかなか元の位置には戻りません。

そこまで極端ではなくても、2投3投するごとに反応が薄れるのが普通の状態です。キャストしなおして釣れることもありますが、そういう魚はきっと1投目でも釣れていたはずです。ルアーの種類によっても反応は変わります。存在感の際立ったもの、アクションの激しいものは強くバスを惹きつけてしまいます。つまり、ミスキャストでのリスクが高いルアーだといえます。これはバスが見える見えないに関わらず、水中でかならず起こっている現象なのです。

何回投げても大丈夫、もしくは何投かしてスポットに入ればよいと思っていると、なかなか1投では決まりません。そればかりか2投3投することで2倍3倍の時間が掛かります。常にあとがないと思っていれば、慎重に投げようと考えるはずです。どこへ投げるべきか、さらにはバスがどちらを向いているのか、状況を吟味する意識も自然と生まれます。

これを習慣づけることで1投の価値が上がり、ポイントを把握したり攻め切る時間も短くなって能率が上がります。同時に、状況を深く理解することにも繋がってきます。

このような高さのある障害物をねらう場合、浅いレンジから順に探っていくのが正解だろうか？　深めのレンジにいることが推測できるなら、最初からダイレクトにそこをねらったほうが効果的かもしれない。水中の見えない部分も「しっかりとねらって投げる」ことで、釣れる確率を高めていける。ルアーのタイプによってバイトさせるのに適切な着水点が変わることも見逃せない。

正しいキャスト、間違ったキャスト

ロッドの反発力を生かして投げるのが正しいキャストの大前提です。具体的にいえば、できるかぎりロッドを深く曲げることが重要です。

では、実際にどのように曲げればいいのか、およびそのメリットについて考えていきます。ルアーの飛距離は、ロッドからリリースされる瞬間の初速や飛ぶ角度によって変わります。仮にまったく曲がらない棒であれば、初速は棒を振るスピードと力だけに委ねられます。だからこそ曲がらないと飛ばないし、力ずくでもダメなことは容易に想像できます。

ところで、ティップがいちばん速く振れている瞬間というのは、ロッドがいちばん曲がっている状態なのでしょうか？

そうではありません。「いちばん曲がった状態」からまっすぐに戻ろうとするなかで、ティップは徐々に加速していきます。つまり、ロッドを曲げて溜め込んだ「反発力」が、ティップで「ルアーを弾き出す力」に変換されているのです。ルアーの初速が出るかどうかは、いかにロッドを曲げて大きな反発力を作り出せるかにかかっている、といえます。

この状態を作るのに必要な動作を確認していきましょう。

まず、キャストの動作を始めてすぐにロッドのスピードを上げ、後方でしっかり止めます。「止める」という動作によってロッドが曲がり、ルアーを飛ばす準備ができたことになります。

そこからスムーズに前へ振り出し、最後に再びロッドをピタリと止めます。これによって、バットからスムーズに曲がっていたロッドが一直線に戻りはじめます。と同時に、止めることでティップの戻りを安定して収束させ、ルアーの飛ぶ方向や弾道をコントロールしやすくなります。力任せではなく、ロッドの反発力を最大限に引き出すキャストが理想です。なお、必要に応じてさまざまな弾道のキャストができると便利です。弾道の高さはフォームで調整しますが、なかでも多用するのがサイドキャストによる低くて速い弾道です。

よくある間違いは、〝サイド〟キャストだからといって自分の体の真横でロッドを振ること。腕や体が開いてしまって力が入らないし、精度も出ません。グリップを体の前に持ってきて、リー

オーバーヘッドキャストの場合。正面に構えたロッドを振りかぶって……

後方でロッドをしっかりと止める。ベリーからバットにかけて深く曲がり、反発力が生じている

前方へ振り抜いて、再び「止める」。これによって軌道や弾道を制御しやすくなる

ルを中心にコンパクトにロッドを振るのが正しい「サイドキャスト」です。

距離はおもにサミングで調整します。これは引き算です。目安は10％から20％くらい遠めの距離をねらって、しっかり投げて、サミングで減速させます。

このとき、初速が出ていないと調整の幅が狭くなってしまいます。丁寧に……と考えて、そーっと投げるのは間違い。ロッドを振るスピードが遅くなるほど、フォームはバランスを崩しやすくなります。いつも以上にしっかり投げて、しっかりサミングするほうがうまくいきます。

以上のように、ロッドを着実に曲げることで多くのメリットが生まれます。ムダな力を必要としないのでルアーの飛ぶ方向や力加減の調整に集中でき、コントロールしやすくなります。

さらにはキャストの質も維持できます。しっかり曲げればフォームもコンパクトになり、動作のばらつきが減り、キャスト精度も高まります。力いっぱいのキャストを一日に何百、何千と繰り返すと同じ精度は保てません。ルアーを飛ばす役目はロッドに任せ、釣り人は最小限の動作ですませましょう。

サイドキャストの誤ったフォームの例。グリップ（リールの位置）が身体の横に来てしまうと、力が入らず精度も悪くなる

ルアーを操作することの難しさ

釣れそうだと思ったルアーや、とっても釣れそうなポイントであっても、自分のねらいどおりにルアーを操れなければ釣果は望めません。それだけでなく、釣れる条件・釣れない条件といったヒントすら得られません。ねらいが合っているかどうかを試せていないわけです。

つまり、よいルアー操作とは「自分の思いどおりにルアーを動かし、水中でのルアーの位置やようすが明確にイメージできる状態」を指します。

そのためには、ロッドやリールで操作しながら、ルアーの移動距離や方向を調整できる技術が求められます。状況に応じて、どのようなアクションが効果的であるか考える必要もあります。

ラインスラックの使い方も重要です。よいアクションを引き出すには、ラインを適切にたるませる、もしくは張る必要があるからです。たとえば同じようにシェイクするにしても、ラインを張ったり緩めたりするスピードや強さは個々のルアーによって変わります。

自分の思い描くイメージが、実際のルアーの状態とシンクロすることも大切です。あらかじめルアーの動きを目に見える範囲で確認しておくと、見えない距離でもイメージしやすくなります。これは非常に参考になる準備作業です。

水中のルアーの状態が把握できているかどうかもポイントです。水深や距離、沈んでいるのか、少し浮いているのか、障害物のなかのどの位置にあるのか。まずは目に見える地形から想像したり、魚探で得られる水中のイメージを参考にします。

加えて、ロッドに伝わる感覚やラインの動きからも、水中の地形や障害物のようすを推測できます。特にルアーと障害物の位置関係（奥にあるのか、乗り越えようとしているのか、乗り越えたあとか……など）は、ラインの動きやロッドの感触による違いを知ることが重要です。

なかでも「ラインの入水点（ラインが水面と交わる箇所）の移動」「水中に引き込まれるかどうか」の2点は大きな判断基準です。入水点が手前に移動すれば、ルアーも手前に寄っています。ラインが水中へ引き込まれたらルアーはフォールしていて、止まれば着底です。上達すれば、障害物の正確な高さや地形の細かな起伏、木や岩といったマテリアルまで把握できるようになります。

こうした感知能力は、ルアーによってもまったく違います。同じ場所にルアーを通しても、テキサスリグとクランクベイトでは障害物や地形へのタッチの仕方が異なり、得られる情報も違うからです。これを利用して、ルアーを使い分けながら水中の特徴を多角的に知ることもできます。

難しいのは、「操作」と「把握」を一連の動作のなかで行なわなくてはいけない点です。適切に動かしながら、同時に見えない水中の情報を感じ取る。釣るためのアクションも大事ですが、ルアーの状態を把握することは、それを下支えする作業だといえます。

いつ来るかわからないアタリに備えなくてはいけないので、ボーッとシェイクしている暇はありません。操作する感覚を研ぎ澄まし、水中のルアーのようすを明確にイメージしていれば、それを乱すルアーからの信号はアタリです。つまり、ルアーを自由自在にコントロールできれば、かすかなアタリも察知できるようになるわけです。まずは個々のルアーで感覚を養い、ひとつずつ経験を積んでいきましょう。

アプローチと3つの要素

どのようにルアーを投げれば、バスが釣れるのか？

私はアプローチについて多くのことをサイトフィッシングで学びました。見えるバスの行動やルアーへの反応から、アプローチの方法を深く考えさせられました。

逃げないけれど人間を意識する距離がある、地形や水深で反応する距離が違う、といった事柄です。サイトで学んだことは見えるバス以外にも有効で、ルアーも場所も問わず、応用することができました。

考えるべき要素は「バス／自分／ルアー」の3つです。これらの相互関係を踏まえるのがアプローチの基本。「バスと自分」「バスとルアー」「自分とルアー」のそれぞれを検証していくわけです（地形や流れ、シェードなどは二次的な要素として考えます）。

3つの関係性は、いずれも距離についての問題を多く含んでいます。

第1は「バスと自分の距離（関係）」。気づかれていないか？ プレッシャーが掛かっていないか？ たとえ同じ距離でも、水質や天気などの環境、波風や流れ、障害物の有無などで影響は変わります。基本ではありますが、常に注意を払うべき点です。

2番目の「バスとルアーの距離」は、バスの位置に対してルアーをどのように通すかという問題です。ルアーの種類やシチュエーションによってさまざまなケースがあります。バスを反応させやすい通し方、どこにルアーがあれば反応するかを考えます。

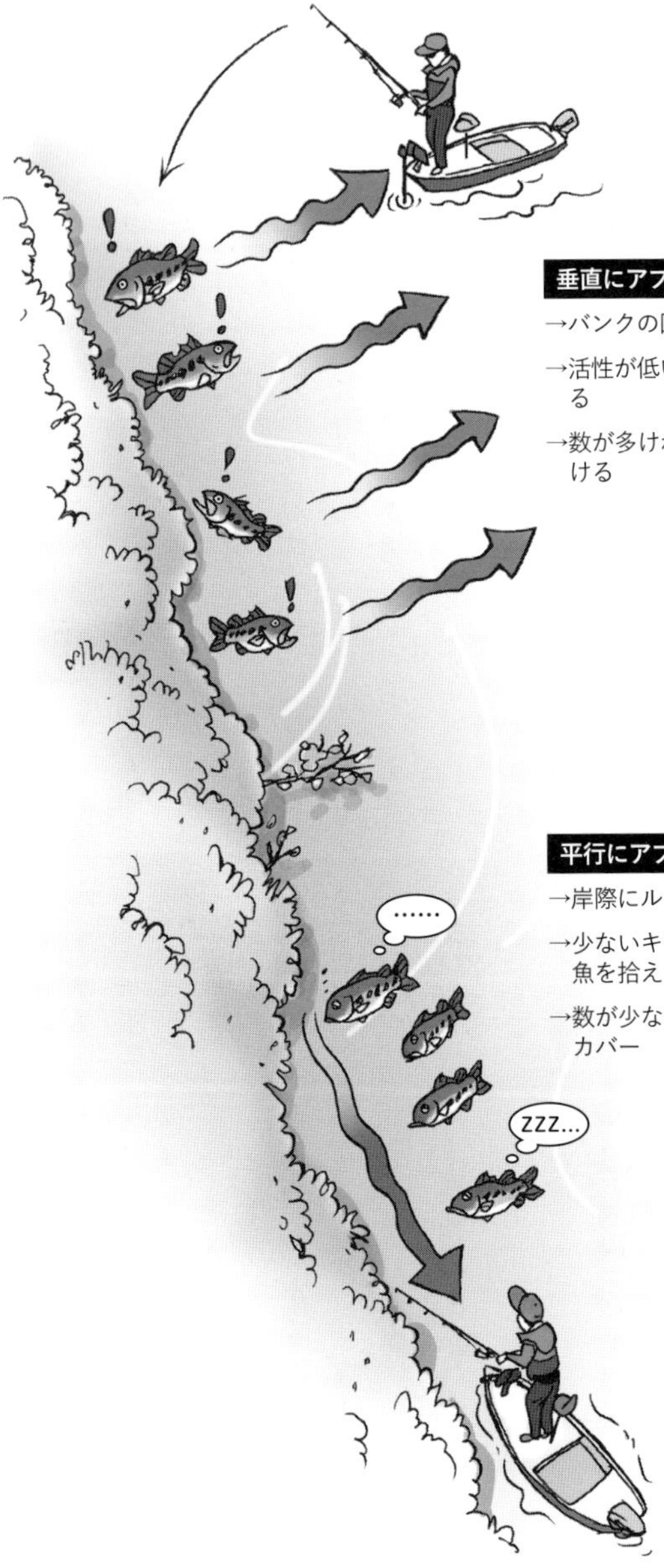

垂直にアプローチするメリット

→バンクの凹凸を丁寧に探れる

→活性が低い魚をタイトにねらえる

→数が多ければ１尾ずつ抜いていける

平行にアプローチするメリット

→岸際にルアーを通しやすい

→少ないキャスト回数で高活性の魚を拾える

→数が少なくても１投で広範囲をカバー

最後が「自分とルアーの関係」。ルアーを投げる、操作するという動作についてです。まずはバスが反応する場所にルアーを通すのが大前提なので、そのためのアプローチができるポジションを探ります。もちろん、ルアーがその特徴を生かせるコースでなくてはなりません。

キャストに関しては、常にバスとルアーの位置関係をイメージして最良の選択をする必要があります。ミスをしないために、少し余裕を持った着水点やコース取りを考えておくべきです。いかにして取りこぼしを減らし、多くのチャンスを作れるかを考えます。

ここで大切なのは、自分の位置によってバスとの距離感やキャストの選択肢が変わる、ということです。オカッパリであれば1~2歩、ボートであれば50㎝動いただけで、アプローチは変わることを心に留めておきましょう。

なお、同じようなアプローチを繰り返していくときは、バスの反応や数によって能率的なアプローチを考える必要があります。

極端な例でいうと「バンクと平行に引くか、直角に引くか」(右ページ参照)。

平行に引く方法は、バスの反応がよい場合に適しています。一度に多くのバスにアピールして追わせて釣れるからです。

直角に引くやり方は、地形や障害物の凹凸に沿ってアプローチしやすいので、バスの反応がよくないときに有効です。

また、バスの数が少ない場合は「平行」が能率的です。数が多ければ「直角」のほうが、たくさんアプローチすることで何尾も釣れる可能性があるので能率的です。

つまり、反応がよくてバスが少ない場合には平行にアプローチし、反応が悪く、バスが多い場合は直角にアプローチするのが能率的といえます。一概にすべてに当てはめることはできませんが、ルアーのタイプやバスの反応によって、常にアプローチが能率的であるか気を配ることが大切です。

さらに、最後に考慮しなければいけない第4の要素があります。ラインです。バスに嫌われる存在ですから、できればバスがいるであろう場所をラインがじかに通るアプローチは避けたいものです。

杭1本をねらうにしても、あまりに向こう側へ投げると、手前のラインが杭についているバスをルアーより先に刺激してしまいます。特に水がクリアな状況や、魚がナーバスなタイミングでは配慮が必要です。

08 ORIKIN METHOD

トーナメント

トーナメントという環境に身を置く

最短でバス釣りがうまくなるひとつの方法、それがトーナメントです。一定のルールのもとに競い合った結果は、その日の自分の釣りを客観視する指標になります。決められた時間内に同じ状況で釣りをした結果、上位に入ることができたら、うまく状況を読めたといえます。

なにより大勢の参加者と同時に釣りをするのは貴重な体験です。ひとりきりなら、まったく同じ条件で別の釣りを試せる日は二度とありません。「全員が同じ状況でバス釣りを検証するイベント＝トーナメント」と考えれば、その結果は参加者全員で導き出した答え、ともいえます。

入賞できなかったとしても、自分も参加した結果について恩恵を受けなくては、もったいない話です。まずは自分の釣りと、上位選手との違いを検証していきましょう。

釣れていたルアーやポイントに興味を惹かれがちですが、ある程度の経験者なら、技術や情報に大きな差はないはず。それよりも「彼らの着眼点や行動の仕方」を参考にしましょう。

なぜそう思ったのか、どのような戦略を取ったのか？　トーナメントがうまい人ほど、ほかの人とは違うなにかを持っています。有名なバスプロや偉大な成績を残した人たちに接すると、ひときわ洗練された考えや戦略を身につけていると感じます。

ひとつめは大局的な視点です。特に「フィールドの状況を公平に捉えられているかどうか」は、大きなポイントです。

たとえば、バスからのアタリ。トーナメントの本番では、「どのようなアタリであったか」について正確な判断をする必要があります。手放しに喜んではいられません。アタリがあったからといって、それが核心を捉えた釣りではないことも多いからです。

「昨日は釣れたのに!」はよく聞くセリフですが、本番に釣ればよいのです。先入観や思い込みを捨て、公平に状況を読むことが、よい戦略を立てるための土台になります。

また、トーナメント中でも常にポジティブに戦略を組み直す能力も試されます。いつも思いどおりにことが進むとはかぎりません。壁にぶつかるたびに切り替えて、ベストを尽くす方策を考えます。可能性のあるプランそれぞれの釣れる確率について、残り時間と相談しながら、最良の結果が望める一手を弾き出さなくてはなりません。無謀で安易なプランでは、なかなか結果に繋がりにくいはずです。

私自身の体験に照らしていえば、「プロ」と呼ばれる人たちは、より真剣にバス釣りに向き合っているからこそ結果を出しているように思います。ときに同じ土俵で競う機会があると、ひとりひとりから凄まじい存在感や主張を感じるのです。運悪くバッティングしたときには、言葉を発せずとも、釣りの意図や戦略の主張がひしひしと伝わってくるほどです。生半可な気持ちで隣には入れません。それを上回るようなねらいや意図がなければ、同じように釣れるとは思えないからです。入らないのではなく、入れないのです。

ほかの人にそこまで感じさせる理由のひとつは、ずば抜けた練習量です。プロでもアマチュアでも真剣に練習して、真剣に試合をしている人がいる以上、同じように向き合わなければ、なかなか適うわけがありません。

事前の準備とプリプラクティス

1尾にあれほど一喜一憂したり、震えるほどの感情が湧くことは、トーナメントに出なければ日常ではまず体験できません。だからこそ、トーナメントアングラーは少しでもよい成績を出したいと考えるもの。そんな思いを持った人たちと競うのですから、釣るだけでも並大抵なことではありません。とはいえ、努力と気の持ちようで少しずつ勝利に近づけると私は考えています。

まずはトーナメントに向けて、準備やプラクティスが必要です。試合はそこから始まっています。準備といっても、不足がないように道具を揃えるだけではありません。がんばって準備すればするほど、試合でもがんばれるようになります。懸命に準備することで、本番は1分1秒も無駄にできなくなります。否応なくがんばらざるを得ない状況に自分を追い込む行為、ともいえます。

もちろん忘れものは命取りなので、必要なものはメモを取っておきましょう。

あらかじめ概況を知っておくことも大事です。具体的には季節感、水位、水温、そして簡単にわかる釣果などでしょうか。概況がわかれば道具も揃えやすくなるし、見当違いなプラクティスも避けられます。ただし、意見の割れるところですが、個人的な釣果情報は入れすぎると危険です。過去の情報にあまり旨い話はありません。

さて、いよいよプリプラクティスです。長時間やればよいわけではありませんが、経験の少ない場所であればどうしても時間は必要になります。琵琶湖や霞ヶ浦でもないかぎり、一般的には2日間あれば足ります。逆に、ホームフィールドでなければ1日かぎりではきついと思います。

具体的な方法についてですが、ダラダラと釣りをするのではなく、能率よく行なうべきです。フィールドの特徴やバスの状態、ほかの参加者の動向などを勘案してやり方を考えます。

たとえばプリプラに2日間をあてる場合、初日の優先事項は「概況を知ること」。まずは見落としをなくすため、できるかぎり全域を回ります。

事前情報との違い、季節感、水色、生命感などの情報を集め、そのつどエリアを選考する基準にフィードバックします。簡単な例を挙げると「濁りを発見したとき」。まずはその原因と影響を考えます。エリアごとの濁りの差や、時系列での変化も公平にインプットする必要があります。

1日でまわりきれないほどフィールドが広ければ、あらかじめエリアを狭めます。絶対に可能性のないエリア、そして絶対に可能性のあるエリアはチェック対象外とします。言い換えると、よいか悪いかわからないことをジャッジするのがプラクティスの役割なのです。

プリプラの2日めは、さらに釣り込んでみる必要があるかもしれません。しかし、本番まであまり期間がなければ「釣れそうな釣り」に手を出すのはガマンしましょう。時間は限られていますから、「釣れるかどうかわからないこと」に時間を割くべきです。

プラクティスの目的は常にひとつ。「本番に釣ること」です。プラで釣れたパターンが強力であればあるほど、本番にはそのピークは過ぎ去っていると考えるべきです。

ただし、釣れていたピークの情報は貴重です。なぜ釣れていたのか？　その理由がわかれば、次の一手を決める大きなヒントになります。それが今のフィールドの状況を特徴的に示したものであれば、ほかの場面でも役立つはずです。

前日プラクティス

2回目のプラクティスは、私の場合、本番の前日に行なうことが多いです。焦点は「本番と同じ時間帯をどう過ごすか」。試合はたいてい朝からお昼すぎまでなので、この時間帯を使って核心に近い場所をチェックするか、それともほかを探すか、判断する必要があります。

もちろん、ある程度の状況が見えていないと試すべきこともわかりません。プリプラクティスで状況をどのくらい理解できたのか？　不充分であれば前回の続きをします。両方をミックスさせて行なうのも手です。

このとき、プリプラから期間が空いている場合は、状況がどのくらい変動したかをまず検討します。そこまで変わっていなければ本番を想定した場所や釣り方をチェック。かなり変化していると感じたら、変わったうえでの範囲を想定して探っていきます。場合によってはイチからやり直す必要があるかもしれません。

また「時間帯ごとの季節的な傾向」も本番の戦略を左右します。夏と冬は朝マヅメ、春と秋は太陽が上がってからのほうがバスが動きやすく、フィーディングも起こりやすい時間帯です。状況の理解度に関わらず、まずはこちらを優先させるべきかもしれません。

たとえば「朝の時間帯がキーだ」と判断したなら、前日プラの朝も、本番の朝に釣れそうなスポットやルアーなどを確かめる必要が出てきます。

時間帯以外に意識するのは、釣れ方に大きく関わる要素（雨、流れ、風、水温など）です。これらは流動的な性格を持つため、雨が降り続いているときなど、大きく変化している最中であればその要素に注目してプラをする必要があります。

続いて、エリアや釣り方の実践的な絞り方を紹介します。

フィールド全体を広く回ると同時に、場所ごとの性質を見ていきます。浅い深い、広い狭いなどおおざっぱな捉え方でかまいません。どういう傾向の場所にバスが多いか？　ほかの魚種の存在もヒントになるでしょう。

傾向がわかれば、理由を突き止めるために「より傾向の強い場所」を探します。ただし目的はあくまで本番で釣ること。その傾向が本番までに変わってしまわないか、予測しなければいけません。時間に余裕があれば、真逆のタイプの場所やバスもチェックして、自分の考え方を検証します。確信に至った場所があれば、同じようなタイプの場所を探すことに時間を費します。

もちろんバスの行動パターンはひとつとは限りません。複数の釣り方が見つかったら、それぞれの理解度や再現性、見込める平均的なサイズ、釣り方の能率などを把握する必要があります。

こうして、最終的に本番のプランを決断します。トーナメントの時間内で3尾の重量がもっとも大きくなるように考えます。

たとえば「サイズはよいけれど再現性が薄い」「釣れるかもしれないが時間が掛かる」。こうしたパターンは、あまり期待できないと見るべきです。それでも、時間を使い切る覚悟でよい結果を出せそうなら、挑むべきです。

ほかの参加者の平均的な釣果や優勝ウエイトも予測しておきます。自分のプランのリスクとリターンについての判断基準になるからです。まわりがよく釣れていれば、リスクを冒してでも大きなリターンをねらいますし、釣れていなければ冒険する必要はありません。

最後に、個々のパターンをどの順序で実践するかを決めます。パターンの有効性が消えないように時間配分しつつ、能率のよいコースを選ぶのが理想です。

折金一樹さんが優勝＆AOYをもぎ取った2018年のH-1グランプリ相模湖戦を例に、プラクティスからの流れと当日のアジャストを追ってみよう。

時期は９月の頭。水中の季節感はちょうど夏から秋へ進み、水温や水質の変動が大きいタイミングだった。

選んだエリアは本湖の沖。前日からの雨が流入した川筋エリアでは、リミットメイクが難しいと考えたからだ。また、プラクティスでは小型のバスが多かったバンクの釣りも切り捨てていた。

本番の朝は豪雨のなか、係留船やロープに浮く魚をねらった。まずはマグナムクランクでアジャストさせ、キッカーフィッシュを手にする。魚探でワカサギが多く映った水深2～4mに照準を合わせていた。同じシチュエーションで110㎜クラスのミノーを引いても反応がなかったという。

しかし、やがて空は晴れ風も収まってしまう。マグナムクランクではアピールが強すぎると考えてシャッドにローテーション。水温上昇とともにバイトが増え、終了時間の間際のラスト２投で入れ替え。この１尾が、40g差での逆転AOYの決め手になった。

トーナメント本番とメンタル

いよいよ本番。これまでの準備の成果を試すべきときです。自信を持つことは大切ですが、一方でプラクティスはプラクティス。釣り方や場所を「信じすぎないこと」が重要です。むしろ、裏切られることを承知で信じてみる、くらいのスタンスがちょうどよいと思います。

すんなり釣れればよいですが、問題はうまくいかないとき。釣れないことをいつまでやるか、やめどきと対処方法を想定しておく必要があります。本番中は釣れないときほどメンタルが不安定で、反応がないのに粘ってしまったり、もう一度流してみたりと、冷静な判断ができないこともあります。「このくらいやってみてダメなら」というタイミングを事前に考えておくべきです。また、周囲でほかの人が釣ることもあるでしょう。「やられた！」と思うかもしれません。

しかしよく考えると、たくさんの参加者がいちいち釣るたびに落胆していたらキリがありません。それとも、誰も釣れないとでも思っていたのでしょうか？　むしろ釣れることがわかったのですから、不幸中の幸いです。他人が釣れたことはただただ受け入れましょう。

さて、時間が残り少なくなって、あなたは釣れていないかもしれません。しかし、そんなときほどチャンスと考えるべきです。自分が釣れていないのだから、多くの人も同じだと考えるべきですし、実際は多くがそうです。むしろ釣れているときよりも大逆転のチャンス。諦めなければ、一気にゴボウ抜きです。

逆に、自分が釣れているときはどうでしょう。ほかにも釣れている人は多いはずです。気を緩めたらすぐに抜かれてしまいます。ベストを尽くすことを考えるのみです。

そして、ラスト1時間。勝負の分かれ目であり、「釣れる時間」の到来です。

これには明確な理由があります。参加者全員のメンタルを考えたら、朝イチは激戦の時間帯です。みんながやる気マックスで、ルアーも選びに選びぬいたコースに次々と通されます。当然簡単にはいかないことも多くなります。

それに比べると、最後の1時間はキャストもルアーのコースも精細を欠いているはずです。だからこそ朝イチよりがんばりどきなのです。「ラスト30分で釣れました！」というコメントを表彰式でよく聞くのも、あながち偶然ではありません。

トーナメントが終わりました。釣れても釣れなくても、みずから試行錯誤したことは、なにものにも代えがたい経験です。教えて貰ってわかるものでもありません。

ほかのスポーツであれば、運を味方につけたところで実力を超えた結果を出すのは難しいことです。一方、釣りはうまくてもかならず勝てるわけではありません。逆にそこまで実力がなくても、経験と少しの運があれば、チャンスはかならず巡ってきます。

「運」というとマグレのようですが、そもそも「運がよい」という状態は、自分がそう思えるかどうかにかかっています。トーナメント中に「釣れそうだな」という感覚も、最初から「釣れる気がしない……」と思っている人にはなかなか感じ取れないものです。

トーナメントは自然相手の競技。「釣れそう！」とポジティブに捉えられるかどうかが、結果に大きく作用するともいえるのです。

あとがき

長らく気に留めていたことを書きました。確率や能率からバス釣りをナナメに切った特殊な内容で、感想がいささか心配。

ただ、正直まだまだわからないこともたくさんあります。今は自信があって書いたことも、すべて正しく合っているわけではないと思います。この先に考えが変わるかもしれません。むしろ新しくなにかを考え、改めることは、自分にとって欠かせない楽しみでもあります。

もちろん、釣れることのみが楽しみではありません。釣れるのが偉いわけでもありません。ただ、夢中で楽しめたのなら素晴らしいことです。そんななかでも、少しばかり釣れたほうが、というときに読み返していただければ幸いです！

折金一樹

折金一樹（おりかね・かずき）

1979年千葉県生まれ。NBCやJBのトーナメント参戦を経て、現在はフルタイムのバスフィッシングガイドとして活動。2016年NAB21年間優勝、H-1グランプリでは2016＆2018年にAOY獲得。オリカネ虫、オーバーリアル63ウェイクなどルアーの開発にも携わる。YouTube『オリキンちゃんねる』をほぼ毎週更新中。
https://orikane-guideseivice.amebaownd.com/

オリキン式《しき》
バス釣《つ》りを能率化《のうりつか》する68のメソッド

2021年8月1日発行

著　者　折金一樹
発行者　山根和明
発行所　株式会社つり人社

〒101-8408　東京都千代田区神田神保町1-30-13
TEL 03-3294-0781（営業部）
TEL 03-3294-0766（編集部）
印刷・製本　図書印刷株式会社

乱丁、落丁などありましたらお取り替えいたします。

ISBN978-4-86447-375-0 C2075
つり人社ホームページ　https://tsuribito.co.jp/
つり人オンライン　https://web.tsuribito.co.jp/
釣り人道具店　http://tsuribito-dougu.com/
つり人チャンネル（YouTube）https://www.youtube.com/channel/UCOsyeHNb_Y2VOHqEiV-6dGQ